AUTO
PRODUTIVIDADE

DENIS FERREIRA

Autor do livro *Previdência Sem Segredos*

AUTO PRODUTIVIDADE

Como se tornar AUTOPRODUTIVO e fazer o seu tempo render

ALTA BOOKS
EDITORA
Rio de Janeiro, 2018

AUTOPRODUTIVIDADE — Como se tornar AUTOPRODUTIVO e fazer o seu tempo render
Copyright © 2018 da Starlin Alta Editora e Consultoria Eireli. ISBN: 978-85-508-0465-1

Todos os direitos estão reservados e protegidos por Lei. Nenhuma parte deste livro, sem autorização prévia por escrito da editora, poderá ser reproduzida ou transmitida. A violação dos Direitos Autorais é crime estabelecido na Lei nº 9.610/98 e com punição de acordo com o artigo 184 do Código Penal.

A editora não se responsabiliza pelo conteúdo da obra, formulada exclusivamente pelo(s) autor(es).

Marcas Registradas: Todos os termos mencionados e reconhecidos como Marca Registrada e/ou Comercial são de responsabilidade de seus proprietários. A editora informa não estar associada a nenhum produto e/ou fornecedor apresentado no livro.

Impresso no Brasil — 1ª Edição, 2018 — Edição revisada conforme o Acordo Ortográfico da Língua Portuguesa de 2009.

Publique seu livro com a Alta Books. Para mais informações envie um e-mail para autoria@altabooks.com.br

Obra disponível para venda corporativa e/ou personalizada. Para mais informações, fale com projetos@altabooks.com.br

Produção Editorial Editora Alta Books Gerência Editorial Anderson Vieira	Produtor Editorial Thiê Alves Assistente Editorial Illysabelle Trajano	Produtor Editorial (Design) Aurélio Corrêa Marketing Editorial Silas Amaro marketing@altabooks.com.br	Gerência de Captação e Contratação de Obras autoria@altabooks.com.br Editor de Aquisição José Rugeri j.rugeri@altabooks.com.br	Vendas Atacado e Varejo Daniele Fonseca Viviane Paiva comercial@altabooks.com.br Ouvidoria ouvidoria@altabooks.com.br
Equipe Editorial	Adriano Barros Aline Vieira Bianca Teodoro	Gabriel Teixeira Ian Verçosa Juliana de Oliveira	Kelry Oliveira Paulo Gomes Rachel Guarino	Thales Silva Viviane Rodrigues
Revisão Gramatical Luciano Gonçalves Bruno Menezes	**Diagramação** Daniel Vargas	**Layout** Bianca Teodoro	**Capa** Bianca Teodoro	

Erratas e arquivos de apoio: No site da editora relatamos, com a devida correção, qualquer erro encontrado em nossos livros, bem como disponibilizamos arquivos de apoio se aplicáveis à obra em questão.

Acesse o site www.altabooks.com.br e procure pelo título do livro desejado para ter acesso às erratas, aos arquivos de apoio e/ou a outros conteúdos aplicáveis à obra.

Suporte Técnico: A obra é comercializada na forma em que está, sem direito a suporte técnico ou orientação pessoal/exclusiva ao leitor.

A editora não se responsabiliza pela manutenção, atualização e idioma dos sites referidos pelos autores nesta obra.

Dados Internacionais de Catalogação na Publicação (CIP) de acordo com ISBD

F383a	Ferreira, Denis
	
	    Autoprodutividade: como se tornar autoprodutivo e fazer o seu tempo render / Denis Ferreira. - Rio de Janeiro : Alta Books, 2018.
	    224 p. ; il. ; 17cm x 24cm.
	
	    ISBN: 978-85-508-0465-1
	
	    1. Autoprodutividade. 2. Autoprodutivo. 3. Tempo. 4. Autoajuda. I. Título.
	
	2018-1277 CDD 158.1
	                                                                              CDU 159.947
	
	Elaborado por Vagner Rodolfo da Silva - CRB-8/9410

Rua Viúva Cláudio, 291 — Bairro Industrial do Jacaré
CEP: 20.970-031 — Rio de Janeiro (RJ)
Tels.: (21) 3278-8069 / 3278-8419
www.altabooks.com.br — altabooks@altabooks.com.br
www.facebook.com/altabooks — www.instagram.com/altabooks

Para Lívia, quem me acompanhou ao lado da escrivaninha durante as longas noites de escrita que trouxeram à luz esta obra.

AGRADECIMENTO

Agradeço primeiramente à Editora Alta Books pela oportunidade de escrever sobre um tema tão relevante atualmente e também a todos que, de alguma forma, ajudaram na construção deste material.

SOBRE O AUTOR

Apaixonado por escrever, Denis Ferreira esteve sempre em contato com a produção de artigos e materiais para sites, blogs, e-books, livros e também conteúdo acadêmico. Formado em Ciências Contábeis com um pé em economia e com um MBA em Mercados Financeiros, desde a época da faculdade já desenvolvia projetos voltados à educação, os quais resultaram nos seus quatro sites que hoje abordam temas como Economia, Contabilidade, Administração e Marketing, voltados para estudantes e aspirantes nos temas relacionados.

SUMÁRIO

	Introdução	xiii
Capítulo 1	Cinco... Quatro... Três... Dois... Um... Feliz Ano Novo!	1
Capítulo 2	Escolhendo Metas, Traçando Caminhos	11
Capítulo 3	Criando Metas	19
Capítulo 4	Muitos Objetivos para Fazer, Pouco Tempo para Realizar	31
Capítulo 5	Criando um Fluxo de Metas	37
Capítulo 6	Mãos à Obra: Começando um Planejamento...	49
Capítulo 7	Teoria e Prática	61
Capítulo 8	Montando um Mapa de Produtividade	77
Capítulo 9	Criando uma Rotina	121
Capítulo 10	Aceitando Erros, Modificando Planos	147
Capítulo 11	Técnicas de Produtividade	153
Capítulo 12	Produtividade: Uma Mensagem Final	197
	Índice	201

INTRODUÇÃO

Cinco... Quatro... Três... Dois... Um... Feliz Ano novo! Foi assim que o ano de 2015 começou para mim. Estava eu com a minha família em um daqueles hotéis fazenda no interior de São Paulo e os primeiros minutos de 2015 pareciam anunciar um novo ano de paz, calmaria e sossego. Algumas horas depois da virada, após a festança rotineira de final de ano, eu me deitei e fui dormir depois de celebrar a entrada de mais um ano tranquilo.

Que nada! Logo no dia 2 de janeiro, uma sexta-feira (que dia para se começar um ano!), eu dava início a uma série de compromissos para os quais eu havia me planejado durante todo o mês de dezembro. Dentre eles, eu posso citar quais eram os principais e os quais eu daria prioridade:

- Trabalho de conclusão de curso (TCC) do MBA.
- Início dos estudos para meu mestrado em Economia.
- Gestão dos sites do Grupo sem Segredos.

- Intercâmbio.

- Escrita do Livro Previdência sem Segredos.

Estes eram então os cinco grandes projetos iniciais que eu tinha para 2015 os quais eu estava comprometido a cumprir em apenas 365 dias. Mas agora você pode estar pensando "Só cinco projetos? Eu com certeza realizo bem mais coisas ao longo de todo meu ano e não fico por aí reclamando ou achando que eu estou sendo extraordinário. Eu simplesmente vou lá e faço". Provavelmente esse foi seu pensamento ou algo do tipo, certo? Afinal, o que eu tenho a mais que você para ter sido o escolhido para escrever esse livro? Bom, antes de continuar a lhe contar o "porquê", eu gostaria de me apresentar a você caro(a) leitor(a).

Nesse meio tempo eu fui realizando alguns estágios em grandes empresas e passei por diversas áreas onde tive o privilégio de conhecer diferentes setores como o administrativo, o financeiro, o de contabilidade e aquele no qual eu posteriormente seguiria, o mercado bancário de investimentos. Eu me interessei tanto pelo mercado financeiro como um todo, principalmente a parte de mercado de ações, que foi aí que eu decidi realizar uma pós-graduação nesta área, iniciando meu MBA em Operações Financeiras & Investment Banking, um curso voltado essencialmente para quem atua no mercado financeiro, mais especificamente no setor bancário (como era o meu caso). Esse curso foi um divisor de águas na minha vida profissional, sendo ele o responsável por eu ter decidido o caminho no qual eu trilho até hoje.

INTRODUÇÃO

No entanto, somente trabalhar no mercado financeiro, acompanhar cotações de ações, analisar financeiramente os números das empresas, avaliar o mercado de crédito e acompanhar setores da economia simplesmente não me satisfaziam e não me deixavam completo como ser humano. Eu sentia que estava faltando alguma coisa. Eu percebia que poderia fazer mais pelas pessoas, não só as que me rodeavam, mas que também eu poderia atingir um número grande de pessoas através da Internet. Foi nessa hora que a minha facilidade com o tema, mais a minha vontade de transmitir conhecimento (advinda lá da época da faculdade) me levaram ao caminho da educação financeira, uma área que eu gostava tanto de acompanhar, e não só isso, mas também de passar o conteúdo absorvido para frente, conteúdo esse que é tão mistificado aqui em nosso país, onde as pessoas acreditam que investir é somente para os ricos e onde a maioria da população desconhece ou abomina o mercado de ações, o tal do "cassino dos investidores", como eu já ouvi muitas vezes os outros comentarem.

Nessa época eu já atuava com o site Economia sem Segredos (economiasemsegredos.com), inicialmente um blog com explicações descomplicadas sobre o mundo que envolvia economia como PIB, inflação, taxa de juros etc., mas que depois se tornou um grande difusor de conhecimento acadêmico (hoje temos até um canal no Youtube!), tudo de uma maneira bem descontraída e de fácil entendimento, com o qual eu estava conseguindo espalhar para um número grande de pessoas o que muitos tinham dificuldade de encontrar ou entender. Foi isso também que me motivou a começar meu mestrado em Economia, um tema que muito me interessa e com o qual eu gostaria de lecionar em universidades a fim de poder compartilhar conhecimento, um dos meus maiores propósitos pessoais, bem como uma missão de vida.

E o que torna essa jornada tão especial para mim e tão desafiadora?

Bem, o que eu estou tentando lhe passar é que você entenda o número de atividades com as quais eu me comprometi (conforme listado acima), porém todos com prazos apertados e de forma simultânea. Ah, talvez eu tenha esquecido de mencionar uma coisa bastante importante no meio de tudo isso: eu trabalho das 9 às 18 no setor bancário (fora horas extras), dando então a mim uma média de quinze horas diárias para serem divididas entre escrever um livro, criar conteúdo e gerir quatro sites simultaneamente, finalizar meu TCC, estudar para o meu mestrado, passar por um intercâmbio, além de realizar as tarefas comuns da casa (nessa época eu já morava com a minha noiva) como cozinhar, limpar, passar e cuidar da casa, além de me transportar entre casa-trabalho-casa, cuidar da saúde fazendo atividades físicas, ter uma vida social e também, por que não, dormir.

Desenvolver todas estas atividades exigia um esforço muito grande e também um controle rígido do meu tempo, bem como a determinação rigorosa do cronograma de cada atividade a fim que todas pudessem ser realizadas com o máximo de excelência e cumprindo os prazos determinados. O material que se encontra a seguir é então um compilado detalhado das minhas técnicas utilizadas e também das principais técnicas utilizadas no mundo para a gestão pessoal de tempo a fim de que qualquer um possa atingir a autoprodutividade, alcançando todos os seus objetivos.

INTRODUÇÃO

Além da explicação de cada uma das técnicas, são descritas as principais atividades realizadas por mim ao longo do biênio de 2015-2016 e como cada uma delas foi atingida com maestria a partir da aplicação da teoria da autoprodutividade. Espero que ao fim do material, você também possa elaborar um cronograma de suas próprias atividades e concluir cada uma delas. Boa leitura!

• CAPÍTULO 1 •

Cinco... Quatro... Três... Dois... Um... Feliz Ano Novo!

Começo de ano é tudo (ou quase tudo) igual. Votos de felicidades e conquistas são desejados, trocas de felicitações são declaradas e planos para o novo começo de ano são idealizados. As pessoas colocam grande peso sentimental em datas específicas, como em aniversários, mas o fim de ano é para a grande maioria de nós uma data realmente importante que marca o fim de um ciclo emocional que se passou e o início de outro que está prestes a recomeçar. Não importa mais o que foi prometido para os doze meses anteriores, tampouco se estas promessas foram alcançadas ou não. "O que passou, passou" é um ditado recorrentemente dito por nós. A cada fechamento de doze meses, enchemos o peito de esperança de podermos alcançar qualquer coisa, mesmo quando esta coisa já vinha sendo prometida há algum tempo em repetidos começos de ano.

Ainda que sejamos seres racionais, seguimos nossos próprios instintos e temos, tanto individualmente como coletivamente, nossas respostas automáticas a algumas situações, como medo, alegria, paixão, terror, histeria etc., ou ainda, um mix de todos estes sentimentos em conjunto quando somos postos em uma situação de pressão ou estresse. Afinal, quer época pior para isso do que o final do ano quando somos confrontados a rever tudo aquilo que passou no ano e ficamos expostos ao sucesso ou ao fracasso da conclusão de metas ou do abandono destas, sejam elas profissionais nas quais temos de responder a pressão de um resultado dentro de uma empresa para nossos superiores, ou objetivos pessoais, quando constatamos que não perdemos peso suficiente, não lemos os livros que prometemos que leríamos ou realizamos a viagem que planejamos. Quando fracassamos na maioria dos nossos planos, tendemos a ficar extremamente frustrados com nós mesmos e com o passar dos anos alimentamos um sentimento de insatisfação e desapontamento pessoal, além de criar um estado de desencanto com os anos futuros, para os quais fica difícil vermos uma melhora no longo prazo por já termos falhado repetidas vezes no cumprimento de nossas promessas de melhoras nos finais do ano. E aí pode ficar a seguinte dúvida...

"Por que e onde eu estou falhando na conclusão das minhas metas?"

"Elas estão altas demais? Difíceis demais? Foram superestimadas? Será que eu tenho capacidade para cumpri-las? Estou as desenvolvendo da maneira certa?".

1.1. O que são metas?

Apesar de parecer ser fácil explicar o que é uma meta, quando somos confrontados a expor o seu significado, muitos podem ficar confusos ou até se enganarem sobre o significado de fato da palavra por algum sinônimo parecido tais como "objetivo" ou "propósito", os quais em sua forma literal apresentam diferenças significativas. Imagine, por exemplo, que eu determino que até o final de um ano eu quero viajar para a Europa. Esse meu desejo de realizar a viagem é uma meta ou um objetivo? E se determinarmos que queremos alcançar a cifra do primeiro milhão antes dos trinta anos de idade? Acabei de estabelecer uma meta ou um objetivo? De forma a elucidar com clareza a diferença entre uma meta e um objetivo, podemos fixar que objetivos são pontos ou alvos que se procuram atingir, o marco ao final de um processo enquanto que metas são o caminho que percorreremos para alcançar nosso objetivo. Objetivos são estabelecidos, são pontos ou status ideais nos quais miramos alcançar ou possuir, já metas são as ferramentas que desenvolveremos ao longo do tempo para concluir o propósito.

O objetivo de realizar uma viagem é composto por metas como a) guardar dinheiro, b) comprar passagens, c) reservas de hotéis e assim por diante. Estas metas serão compostas por metas menores (também conhecidas como submetas) que nos ajudarão a alcançar o objetivo almejado. O mesmo se aplica ao objetivo de tornar-se milionário. O alvo é o primeiro milhão, mas as ferramentas que utilizarei para alcançar o número dependem das metas que criarei para economizar dinheiro ou aumentar a minha renda. De forma resumida, devemos entender que o FIM (objetivo) é aquele a que se dirigem as AÇÕES (metas). Entendido agora o conceito de uma meta, vale partirmos para a segunda pergunta que deve ser respondida.

1.2. Por que temos metas?

O que você quer para a sua vida? Sucesso no amor? Uma carreira profissional cheia de conquistas? Independência financeira? Você pode ter tudo isso!

Apesar de parecer um anúncio feito por uma cartomante daquelas que encontramos colado nos postes de luz na rua, a verdade é que nós podemos sim alcançar estes e outros objetivos. Apesar de termos todas nossas individualidades, compartilhamos a mesma espécie e, portanto, termos características bastante similares quando se trata de desejos e anseios, todos nós queremos amor, conforto, dinheiro, sucesso, reconhecimento e muito mais, e isso é mais do que vaidade ou ostentação. Elas são **NECESSIDADES**.

Focado em psicologia humanista, Maslow fundamentou a teoria da pirâmide das necessidades, uma de suas teorias mais famosas que ficou conhecida como "A Pirâmide de Maslow", na qual ele classifica as necessidades humanas em uma sequência hierárquica e nos mostra como o ser humano satisfaz suas necessidades através de uma sequência emocional. Dentro do contexto humano, começamos todos também com necessidades básicas, como comer, dormir, respirar etc., porém não nos limitamos a elas e quando satisfazemos uma necessidade, automaticamente tendemos a ter outras necessidades e, dessa forma, subimos na pirâmide até alcançarmos o seu topo.

Segundo a teoria, a evolução das necessidades humanas se dá pela seguinte lógica:

a) Necessidades básicas:

São as necessidades que todo ser humano possui como fome, sono, frio, sede etc. Se não saciarmos estas necessidades temos um desconforto tamanho que isto nos impedirá de tal forma que não teremos outros anseios e não avançaremos em nossas necessidades. Foi a solução destes problemas básicos que nos levou à evolução frente as demais espécies.

b) Necessidades de segurança:

Esta necessidade está relacionada ao nosso bem-estar. Precisamos da segurança de um lar, mas também de segurança pessoal e financeira para nos sentirmos bem. O ser humano tem a tendência natural de querer se sentir protegido e resguardar sua vida e parte desse sentimento ainda primitivo da segurança se dá pelo fato de estarmos confortáveis no ambiente em que vivemos nos livrando da necessidade de ficarmos em estado de

alerta ou sobreaviso, permitindo que nos ocupemos com atividades mais produtivas e desenvolvamos novas habilidades.

c) Necessidades sociais:

Sentir-se aceito em um grupo é o que a maior parte dos seres
humanos deseja. Temos a necessidade de contato e interação
social e isto engloba desde o relacionamento no trabalho até um
relacionamento amoroso e intimidade sexual.

d) Necessidade de estima:

Ser respeitado, reconhecido e bem recebido. Esta necessidade
está ligada ao fato dos outros reconhecerem nossa capacidade
frente ao que realizamos e frente as nossas conquistas.

e) Necessidade de realização:

A última etapa das necessidades humanas, a autorrealização
remete ao indivíduo estar satisfeito com seu posto alcançado
e com a vida que leva. É a necessidade do autocontentamento.

1.3. Quais os tipos de metas que nós temos

Se nós possuímos diferentes necessidades, é plausível pensar
que possuímos também diferentes tipos de objetivos e metas. Posto
então que a maior parte de nós tende a querer se desenvolver e a se
aperfeiçoar naquilo que faz e naquilo que é, existem objetivos e metas
que compreendem diferentes áreas da nossa vida, tais como "receber
uma promoção", "comprar a casa própria" ou "aprender um novo
idioma", sendo que cada um deve ser enquadrado em um universo a
fim de separarmos, por exemplo, quais as metas que nos trarão uma
recompensa social, profissional, afetiva, de estima etc., conforme a
pirâmide teórica das necessidades. Mais adiante no livro, veremos

como aprender a classificar os diferentes tipos de metas a fim de descobrirmos como trabalhar corretamente em cada uma delas, porém, vale dizer que, segundo a metodologia abordada neste material, nós separamos os tipos de metas em cinco grandes grupos, sendo eles: a) Metas Gerais, b) Metas Financeiras, c) Metas Profissionais, d) Metas Acadêmicas e por fim as e) Metas Pessoais.

1.4. Para que servem as metas?

A pergunta que rege todo esse primeiro capítulo é "Como eu alcanço um objetivo?", ou melhor:

> "Como determinar o melhor objetivo a ser alcançado no menor espaço de tempo possível, utilizando a menor quantidade de esforço necessário e ainda satisfazendo as minhas necessidades da maneira mais plena possível?"

Traduzindo, o mantra dito acima pode ser resumido em 'como eu alcanço aquilo que quero no menor espaço de tempo e com o menor esforço?'. É fato, por padrão, que queremos sempre poupar tempo e energia e, portanto, é para isso que servem as metas. Escolher as melhores metas e objetivos nos ajuda a satisfazer nossas necessidades mais rapidamente e nos deixar saciados de tal forma que podemos criar novos objetivos e continuar a nossa evolução. Sendo assim, precisamos determinar o que fazer com o nosso tempo levando em conta as questões mais básicas já levantadas em diversos outros contextos, tais como as questões econômicas fundamentais de uma empresa, porém de forma aplicada à nossa própria vida. As questões são as seguintes:

- O que produzir?
- Como produzir?

- Quanto produzir?
- Com o que produzir?
- Com quem produzir?

Tais como as dúvidas de uma empresa ou de uma economia inteira, que precisam planejar como empregar da melhor forma seus recursos disponíveis, nós, seres humanos, temos aquele recurso que, como já dito anteriormente, é o mais valioso e escasso simultaneamente: **o tempo**. Dessa forma, como empregar este nosso tempo de maneira que atinjamos as melhores alternativas naquilo que pretendemos fazer? Como decidir entre o que é perda de tempo e o que é proveitoso para nós e nos fará evoluir? Agora que você sabe que seu tempo é também um recurso escasso, determinar o que você deseja fazer com ele é o primeiro passo para descobrir como se tornar mais assertivo e produtivo naquilo que você pretende desenvolver. Você precisa então criar suas próprias metas.

Entendido agora o que são metas, a razão pela qual as temos e quais são seus tipos, você pode estar se perguntando: Será que de fato as metas são necessárias para eu atingir meus sonhos e objetivos? Afinal, qual é a utilidade destas metas? Como foi dito no item anterior, como seres humanos, nós temos diversos anseios e necessidades a serem resolvidos, sejam eles fisiológicos, emocionais ou de estima, e dessa forma sempre estamos querendo algo melhor para nós. Imagine, por exemplo, que estamos em um determinado momento de nossas vidas no qual já temos um relacionamento estável em um casamento, temos residência própria (apesar de financiada), carro e um emprego que nos conceda renda suficiente para suprir as nossas necessidades, ainda que básicas. Apesar de uma situação confortável, conforme explica Maslow, tendemos a querer mais e mais e com isso é provável que busquemos melhorar nossa condição com objetivos, como aumentos salariais, uma casa maior, um carro moderno etc. Uma vez que queremos saciar necessidades cada vez mais elaboradas e complexas, igualmente haverá a dificuldade de atingir tais objetivos e é também provável que não os alcancemos sem um planejamento adequado. E é nesse exato momento que possuir metas faz todo o sentido.

Tal como um mapa do tesouro que traça um caminho claro e objetivo entre o ponto de partida até a obtenção do prêmio em si (que é a arca com ouro), as metas são o tracejado que teremos em nosso "mapa" do sucesso, levando-nos do estado inicial em que nos encontramos até a conclusão do objetivo. As metas servem como ferramentas para trabalharmos em cima daquilo que almejamos obter e com elas seremos capazes de paulatinamente evoluir no nosso caminho. No entanto, uma vez que as metas serão um instrumento importante para nosso progresso, devemos saber utilizá-las com sabedoria e praticidade. É por isso que veremos no decorrer deste livro que metas devem ser precisas e bem estabelecidas, quando metas muito genéricas como "ser feliz" ou "ser rico" não funcionam ou metas utópicas como "alcançar o primeiro bilhão em doze meses" ou "emagrecer 50 quilos até o verão" são pouco eficientes e só servem para nos frustrar. Aprenderemos como escolher as metas corretas e como trabalhar em cima delas a fim de conseguirmos mudar a nossa vida de uma forma verdadeira e eficiente. Nos próximos capítulos aprenderemos então como criar metas eficientes, como classificá-las e escolhe-las de forma a traçar um mapa até nosso objetivo e ainda como criar uma rotina eficiente para concretizar estas metas.

• CAPÍTULO 2 •

Escolhendo Metas, Traçando Caminhos

Lembro-me que desde pequeno fui um estudante responsável. Chegado o final do bimestre, e com a proximidade dos exames finais, eu dedicava semanas antes algumas horas do meu dia para organizar o material que seria utilizado e também criar um roteiro de estudos para que eu não perdesse tempo tentando descobrir qual o tema que seria lido naquele dia. O resultado disso geralmente se traduzia em boas notas nos exames e também nos trabalhos. Porém, olhando hoje para trás e analisando friamente o porquê deste comportamento surpreendentemente racional, principalmente para uma criança de poucos anos, eu percebi que eu não o fazia por entender a necessidade de um bom estudo, puramente para obter boas notas ou ainda por querer impressionar os meus pais, colegas e professores. Não. Esse todo CDFismo vinha de um objetivo muito menos nobre: eu não queria perder meu tempo!

'Estranho', você pode estar pensando. Se para a maioria das crianças ficar horas presa no seu quarto lendo livros e anotações ao invés de brincar com os amigos ou jogar videogame é algo extremamente chato, como o meu eu jovem não achava que estudar em casa era uma perda de tempo? No meu colégio, as crianças eram avaliadas bimestralmente, ou seja, passávamos por quatro grandes testes que avaliavam se conseguimos absorver o conhecimento que foi passado nos dois meses de estudos.

A média para passar de ano dependia então da soma do cálculo de diferentes notas ao longo dos bimestres, sendo que quanto maiores as notas nos primeiros bimestres, menor era o desempenho que eu precisava alcançar nos bimestres finais. E está aí a minha estratégia. Para a maioria das crianças que estudavam comigo, começo de ano era tempo de festa quando revíamos os colegas após nossas férias e podíamos aproveitar a menor carga de conteúdo que as matérias nos cobravam. Além disso, com as festividades de começo de ano, sendo a principal delas o Carnaval que inutilizava quase duas semanas de fevereiro, os professores nos introduziam um material bem mais básico no começo do ano com um conteúdo que era de fácil assimilação. E foi aí que eu percebi o seguinte. No ensino médio e colegial as matérias de português, matemática, física, dentre outras, avançavam de forma progressivamente, ou seja, a matéria seguinte dependia necessariamente do entendimento da matéria anterior. Dessa forma, quanto mais cedo a matéria fosse apresentada no começo do ano, menor era a sua complexidade em comparação direta com o conteúdo estudado no terceiro ou último bimestre. Sendo assim, quanto menor foi a sua absorção do conteúdo inicial ensinado pelos professores nas primeiras semanas, maiores seriam as suas dificuldades no aprendizado dos conteúdos finais, os quais estavam relacionados diretamente com os primeiros.

Foi isso que eu entendi e que as demais crianças demoraram a perceber. Agora tente raciocinar como eu pensava. Se eu tirasse notas elevadas logo nos dois primeiros bimestres eu possuía uma larga margem para tirar notas menores nos bimestres subsequentes. Uma criança, por exemplo, que não se preocupava em estudar no começo do ano porque o conteúdo era mais simples e, portanto, ela tirava notas medianas sem muito estudo, era obrigada ao final do ano a se esforçar imensamente mais para não só tentar reaprender aquilo que deixou passar nas primeiras aulas, mas também absorver um conteúdo muito mais complexo e ir bem nas provas que abordavam esse conteúdo. O racional para a minha estratégia era de que estudando bastante nas matérias mais básicas e tirando notas excelentes, eu não precisaria me preocupar com os exames finais que exigiam muito mais dos alunos e que, caso eu não fosse tão bem, eu já havia conquistado uma margem de segurança nos bimestres anteriores. Era tudo uma questão MATEMÁTICA! Estudar mais no começo do ano em matérias mais simples exigia muito menos tempo e preocupação do que estudar às pressas ao final do ano com a pressão de não alcançar as notas necessárias e ainda perder mais tempo em provas de recuperação. A ideologia de economia de tempo ia muito além de estudar mais no começo de ano para ter menor desgaste nos meses finais. Como eu bem me recordo, minha vontade sempre foi de poupar meu tempo, e isso resultava também na economia de horas de estudos diárias.

O que a maioria das crianças via como uma oportunidade de conversar com os colegas e trocar boas histórias durante as aulas, eu aproveitava para prestar a atenção na aula, principalmente durante a explicação do professor, quando na maioria das vezes as demais crianças estavam perdidas em seus próprios pensamentos. Ouvir atentamente o que estava sendo dito pelo orientador da matéria, anotar os comentários que eram feitos além do que estava no livro e principalmente tirar dúvidas foram certamente aquilo que me ajudou a economizar tardes e noites mal dormidas próximo aos exames bimestrais. Não é incomum deixarmos por vezes alguma dúvida passar em branco durante a aula quando o professor faz a clássica pergunta "alguém tem alguma dúvida?". O constrangimento de somente nós não termos entendido a matéria (e o alívio de quando alguém faz a pergunta por nós) faz com que levemos para casa aquela questão que pode ser justamente o ponto que nos leva às notas baixas e a não acompanharmos mais o assunto. Ora, eu sempre imaginei que a matéria deveria ser entendida durante a própria explicação e, no caso de ficar alguma dúvida do tema abordado, esta deveria também ser tirada em sala de aula, economizando horas e horas de pesquisas sobre como aquele determinado exercício se resolvia sem que achemos sua resposta. E tudo por que tivemos vergonha de nos expor? Partindo desta premissa, eu então apoiava meus estudos em três grandes pontos que levavam ao sucesso de minha vida escolar: i. Prestar atenção durante a explicação, ii. Realizar anotações de informações adicionais que o professor realizava e iii. Realizar resumos sobre o assunto durante a tarde após as aulas para que o conteúdo ficasse não apenas mais organizado (quando não era raro o professor realizar a explicação da matéria em uma velocidade elevada, o que resultava por vezes em anotações perdidas), mas também que fosse garantido que este estava entendido e fixado. Estes foram os três pontos principais que nortearam minha vida no ensino médio e colegial, que me permitiam possuir horas vagas no final da tarde e à noite para a prática de esportes, jogos com os amigos, paquera, aulas de música dentre outras atividades que me traziam real prazer e aproveitamento.

E isso não foi apenas utilizado durante a minha adolescência. A estratégia de economizar meu tempo e focar naquilo que realmente interessava foi levada ao longo de toda a minha vida acadêmica. Seja na faculdade, em algum curso extracurricular e posteriormente na pós ou no mestrado, criar um plano de ação sempre me ajudou a estar preparado para eventos futuros quando eu podia focar toda a minha atenção em apenas reter o conteúdo estudado, não tendo que desperdiçar preciosos minutos pesquisando a matéria do dia. Porém a criação de um roteiro não se limita apenas aos estudos de uma prova ou em algum teste. Roteiros servem, como o nome mesmo indica, para traçarmos uma rota, um caminho do ponto A que é o início da atividade até o ponto B, sua conclusão. A criação de um roteiro está intimamente ligada ao fato do sucesso no alcance de algum objetivo quando ao traçar um passo a passo do que deve ser feito, mesmo que em pontos generalistas, porém certeiros, temos um norte para continuarmos trilhando o caminho até atingir o feito desejado.

Imagine, por exemplo, aqueles objetivos que você já traz há alguns anos como o clássico "perder peso". Todos concordam que perder peso é importante e que se manter saudável é algo que todos nós devemos tentar, mas olhando para trás os anos vêm passando e tudo que você consegue criar são desculpas e mais desculpas do porquê neste ano em questão (ou nos vários anos anteriores e posteriores) você não conseguiu cumprir seu objetivo de emagrecer. Imagine que você já está nessa batalha há longos dez anos. E agora? Desistir ou persistir? Você se lembra que nós comentamos sobre objetivos generalistas demais que não funcionam? É exatamente esse erro que você está cometendo agora. "Perder peso" é muito generalista e quanto mais generalista um objetivo, menos alcançável ele se torna.

Por que perder peso é generalista? Simples. Quando colocamos uma meta vaga como "diminuir meu peso" tendemos a deixar em aberto uma série de perguntas como "quanto peso?" ou "como perderei esse peso?". Perder peso por perder é algo até que relativamente fácil. Algumas boas semanas com uma dieta radical nos fará de fato emagrecer alguns quilos, mas sem um plano de ação contínuo e minimamente detalhado logo estaremos de volta apresentando hábitos alimentares deficitários e desajustados, nos fazendo retornar ao patamar anterior e pior, por vezes com um peso superior. A maioria de nós tem aquele pacote padrão de promessas de Ano Novo como "perder peso", "viajar e sair mais com os amigos", "juntar mais dinheiro" e por aí vai, mas no final de cada ano poucos ou quase nenhum destes objetivos são alcançados e dessa forma são empurrados novamente para o próximo ano. Muitos de nós tendemos ainda a criar objetivos e metas para um novo ano que são pouco objetivas ou muito genéricas, como "ser feliz". Por que então atingir objetivos genéricos são tão difíceis? Tomemos o objetivo de "ser feliz" como exemplo. Ser feliz é algo pouco palpável e levando em conta que felicidade se trata mais de um estado momentâneo ou passageiro, estipular metas como "tornar-me feliz" servem mais para preencher um checklist com um número mínimo de metas do que para criarmos algo tangível. Além disso, mesmo que alcancemos metas como a felicidade ou perder peso em determinada época do ano, devemos tentar mantê-las até o fim do ano ou uma vez alcançadas podem ser esquecidas?

Quanto mais intangível for um objetivo, mais fácil é perdê-lo ou se sentir satisfeito com qualquer percentual de sucesso alcançado, prejudicando o seu desenvolvimento pessoal com uma falsa sensação de dever cumprido. Suas metas devem então seguir uma lógica muito simples e ser:

M.R.C.A.C.
(Mensuráveis, Respondíveis, Concretas,
Alcançáveis e Comparáveis)

Vamos entender o porquê...

• CAPÍTULO 3 •

Criando Metas

Quando eu finalmente terminei o ensino médio, me deparei com aquele que é o desafio da maioria dos jovens no pós-colegial: a escolha de uma faculdade. Este é com certeza um dos momentos mais deslumbrantes da vida de qualquer adolescente, onde ele se vê simultaneamente em uma posição ambígua entre a prazerosa liberdade de finalmente poder estudar sobre aquilo que mais lhe interessa versus a responsabilidade e pressão familiar de ter de escolher uma carreira para si. Este evento será o provável determinante até o final de sua vida, ou pelo menos é o que se passa na mente com pouca maturidade da grande parte dos jovens. E se hoje parece que eu sou realizado dentro da(s) área(s) em que atuo e sou feliz por ter acertado qual seria a minha carreira logo de início, saiba que eu, assim como a maior parte das pessoas, também errei na escolha de meu primeiro curso e consequentemente entrei no modo desespero que aflige todos aqueles que se encontram na mesma situação.

Assim que saí do colégio eu conhecia pouco das áreas em que eu poderia atuar, onde na verdade eu sequer havia me preocupado ainda sobre elas, e com isso tentei encontrar um curso que alinhasse algumas das matérias nas quais eu havia demonstrado alguma habilidade durante os estudos e ainda alguns dos meus gostos pessoais ou ideológicos. Nos testes vocacionais que eu realizei durante esse período, recordo que os resultados sempre apontavam para algo que envolvesse matemática e ciências em gerais, áreas que eu tinha algum sucesso, e menos em áreas que envolvessem aptidões artísticas ou biológicas, quando eu não havia ainda desenvolvido nenhuma veia artística (curiosamente anos depois eu fiz um curso de teatro) e demonstrava pavor em ver cenas que seriam comuns a qualquer médico ou enfermeiro, tais como eventos que envolvem sangue, agulhas e órgãos expostos. Mesmo com essas restrições, isso me abriu um bom leque com áreas voltadas mais ao mundo das exatas como engenharias, por exemplo, mas também as áreas de humanas, principalmente voltadas para o setor de negócios, um ramo que sempre tive admiração e vontade de aprender, os quais envolviam cursos como administração ou economia. Já na parte ideológica, eu sempre achei muito interessante o fato de ter a minha a própria empresa e ser, como diz aquele velho ditado, "dono do meu próprio nariz" podendo comandar eu mesmo o meu negócio e me tornar um empresário de sucesso. Esse ímpeto veio muito antes de eu sequer saber o que era a palavra empreendedorismo, sendo que ele veio em grande parte pelo meu lado familiar, onde eu possuía parentes que haviam empreendido e conseguido algum sucesso financeiro. Sendo assim eu pendi para o curso de administração, no qual várias de minhas habilidades se encontravam com meu desejo de ter uma empresa e poder administrá-la. No entanto, nos quarenta e cinco minutos

CRIANDO METAS

do segundo tempo eu mudei de ideia e acabei me matriculando em outro curso, em um que eu pouca coisa sabia, mas havia me interessado rapidamente quando tive contato com ele. Eu me inscrevi, iniciei e sou formado hoje em Ciências Contábeis. Explico o que aconteceu.

Como dito, sair do colegial para um adolescente é ao mesmo tempo libertador e aterrorizante, dada a pressão da nova "vida adulta" que se seguirá assim que atingimos a maioridade legal, onde parece haver uma espécie de *click* em nossas mentes e na sociedade como um todo onde a partir deste momento nos tornamos de fato adultos. Dada essa confusão, eu me sentia extremamente perdido em decidir qual curso iniciar e então sai em busca de orientação de como tomar uma decisão assertiva e acabei me deparando com materiais sobre um assunto que me permitiram não só escolher minha carreira, mas também me auxiliaram a levar uma vida muito mais regrada, com muito mais objetivos concretizados e ainda me auxiliaram a elaborar este livro. Inúmeros são os materiais (principalmente em inglês) que abordam a temática sobre como ser mais produtivo, como aprender mais rápido e melhor, métodos de economia de tempo etc., nos quais o preceito principal é sempre FOCO, FOCO e FOCO. Tais leituras me proporcionaram dezenas de ferramentas úteis com famosas técnicas de produtividade e gestão de tempo (explicadas à frente neste livro), permitindo me policiar melhor, me tornar um estudante e um profissional mais eficiente, além de me dar conhecimento suficiente para a criação de meus próprios métodos de desenvolvimento, gestão e conclusão de metas (também explicado detalhadamente nos próximos capítulos).

Ao ler então vários desses conteúdos, acabei mudando em muito a minha visão do motivo e do modo como escolher um curso de graduação para me formar e então acabei voltando à estaca zero. Se a máxima das técnicas de produtividade é o FOCO, não estaria eu escolhendo um curso conhecido por ser generalista demais? A graduação em administração de empresas é (erroneamente em minha opinião) comumente associada àqueles estudantes que ou não sabem o que fazer ou não foram capazes de escolher algum curso mais específico. Apesar disso e pondo de lado a má fama desta formação, percebi que de fato administração me daria uma visão muito abrangente sobre as diversas áreas de uma empresa, e pelo qual eu conheceria desde setores como o financeiro, o logístico e o próprio administrativo, como sugere o nome do curso, mas também veria áreas das quais eu tinha pouca ou nenhuma ambição, como as áreas de recursos humanos e marketing. Foi assim que me perdi novamente na criação de um objetivo e voltei ao estágio onde precisava unir minhas aptidões (habilidades na área de exatas) com meus anseios (ter e entender a minha própria empresa). Qual foi o desfecho desta história então? À época em que eu estava buscando em qual curso me inscrever, minha irmã, um ano e pouco mais velha do que eu, já estava no seu segundo ano do curso de Ciências Contábeis, uma formação da qual eu até então nunca havia ouvido falar e com um nome que me não me remetia a quase nada (a não ser a palavra "ciências", que me chamou a atenção por dar ao curso um ar de tecnologia, informação e conhecimento). Foi quando eu peguei alguns dos materiais, livros e apostilas dela para ler e acabei me deparando com uma infinidade de matérias que, pelo menos à primeira impressão, me chamaram muito a atenção. A graduação em Ciências Contábeis se mostrou para mim como a ponte que ligava as minhas aptidões iniciais com minha vontade de entender e saber gerir as empresas, só que desta vez pelo lado de dentro, sendo essa a principal função da contabilidade: levantar dados, estudá-los e criar métodos de gerar eficiência econômica e financeira nas empresas. A partir disso eu tinha um novo objetivo que era "me formar no curso de Ciências Contábeis em 4 anos", mas com um objetivo bem definido em mente, como construir as metas que me permitissem alcançá-lo com sucesso? A solução foi utilizar o método MRCAC.

Seguindo a lógica das metas MRCAC, que pregam que nossas metas precisam ser **M**ensuráveis, **R**espondíveis, **C**oncretas, **A**lcançáveis e **C**omparáveis (sendo estas as palavras que dão o nome do método de acordo com as iniciais), devemos parametrizar as ações de acordo com cada uma das características listadas abaixo:

a) Mensuráveis:

Metas mensuráveis são aquelas que podem ser medidas de alguma maneira, ou seja, que consigamos visualizar seu ponto inicial, o ponto médio [se houver] e seu ponto final, e onde consigamos verificar que de fato houve alguma modificação ou evolução.

Se minha meta é, por exemplo, levantar uma casa para um familiar meu a partir de um terreno que adquiri, eu consigo verificar os três pontos dessa meta e mensurar sua evolução:

- Ponto Inicial: terreno baldio, sem proveito.

- Ponto médio: os primeiros alicerces da casa, paredes, portas e demais instalações.

- Ponto final: a casa entregue com todos os seus componentes.

Já no nosso caso de terminar uma graduação, fica também visível a evolução com o passar dos semestres onde podemos mensurar de diversos meios o progresso em forma de notas nas provas e trabalhos, por exemplo, podendo este progresso ser acompanhado individualmente a cada semestre ou então no contexto geral do curso, tendo como ponto inicial o primeiro ano, o ponto médio, o segundo ou terceiro ano e o ponto final, a conclusão do curso. Deixar claro e entendível qual o ponto zero de uma meta minha, onde eu pretendo estar na metade do prazo que eu estipulei para ela e ainda identificar claramente qual meu objetivo final para aquela meta é a melhor forma de tornar uma meta alcançável, posto que você terá consciência dos três pontos principais de qualquer mudança: 1º: saber onde você está, 2º: saber como chegar lá e por fim, 3º: saber aonde você quer chegar.

b) Respondíveis:

Nossas metas devem ser sempre uma questão a ser resolvida e não a solução em si. Você conhece aquele ditado "é melhor ensinar a pescar do que dar o peixe"? Ele se aplica inteiramente à nossa necessidade de questionamento. Uma vez que queremos sempre nos desenvolver, buscar por nós mesmos a resposta para os nossos problemas nos ajuda a entender nossos pontos fracos e necessidades e nos faz batalhar para superá-los. Emagrecer é uma resposta, ficar rico também e me formar é outra, mas uma vez que elas são muito vagas, a falta de objetividade não nos dá clareza em como proceder para alcançá-las. No entanto, "como perder peso?", "como enriquecer?" ou "como me formar na graduação?" são perguntas que nos fazem ir atrás de suas respostas e desenvolver meios de alcançar nossos fins.

c) Concretas:

O dicionário define "concreto" como algo claro e preciso, e é justamente isso que nossas metas devem ser. Metas concretas são aquelas em que é possível não só mensurar os pontos citados acima, mas também que estes possam ser mostrados para os outros. Tomando novamente a meta genérica de "ser feliz", como você demonstraria para alguém que é feliz? Nesse caso entramos novamente na subjetividade e, portanto, perdemos a capacidade de realizar um objetivo porque não existem meios pelos quais nós ou os outros possam medi-lo ou estimar sua efetividade.

Para descobrir se meu objetivo consegue cumprir o requisito de uma meta concreta, pense em algo como "Quando eu estiver no ponto médio, conseguirei demonstrar isso de alguma forma para os outros?" ou "Quando eu atingir o ponto final da minha meta, esta será perceptível?". Se pensarmos na meta de conclusão de um curso, como aquela que criei para mim, conseguimos mostrar o avanço concreto de um período para o outro e de uma fase para a próxima quando temos meios de demonstrar para terceiros o avanço a cada semestre de que a etapa de conclusão do semestre anterior foi concluída.

d) Alcançáveis:

"Ser milionário". "Me tornar o CEO da minha empresa". "Viajar pelo mundo".

Não é incomum eu receber um e-mail ou outro no qual os leitores solicitam ajuda para desenvolver algum plano de ação para a sua meta. Prestativamente eu tento responder a todos, mas alguns possuem objetivos conforme os listados acima, algo que não desestimulo, mas recomendo que sejam levantados alguns pontos.

Tornar-se milionário! É possível? Sim, por que não? E tornar-se CEO? Plausível. E viajar pelo mundo? Há quem consiga. E veja só, estes objetivos cumprem em boa parte os dois requisitos mínimos acima, posto que é praticável mensurar se você está enriquecendo ou subindo de cargo dentro de sua empresa, ou ainda é possível mostrar para os outros as fotos que você registrou em torno do globo. O problema destas metas são que, em sua maioria, elas são superlativas e representam um elevado grau de sucesso a ser alcançado em tão pouco tempo ou ainda em poucos passos. Se tornar milionário é de fato o sonho de muitos de nós, mas você conseguiria alocar a meta de ter seu primeiro milhão em apenas três pontos (inicial, médio e final)?. Eu não vejo como praticável alguém determinar este objetivo como:

- Ponto Inicial: Ter pouco ou nenhum valor.

- Ponto médio: Ter meio milhão de reais;

- Ponto final: Atingir o primeiro milhão.

O mesmo aplica-se para uma meta como "Me formar em Ciências Contábeis". Ter uma formação como objetivo é plausível, afinal este é um desejo que pretendemos alcançar, mas ele serve justamente como o nome diz, um objetivo a ser alcançado. Lembre-se do que foi dito entre a diferença entre metas e objetivos anteriormente:

> Objetivos são pontos ou alvos que se procuram atingir, o marco ao final de um processo enquanto que metas são o caminho que percorreremos para alcançar nosso objetivo. Objetivos são estabelecidos, são pontos ou status ideais nos quais miramos alcançar ou possuir, já metas são as ferramentas que desenvolveremos ao longo do tempo para concluir o propósito.

Pensando desse modo, é difícil a meta "Me formar em Ciências Contábeis" ser enquadrada em apenas três pontos como:

- Ponto Inicial: Iniciar o curso;

- Ponto médio: Chegar na metade do curso;

- Ponto final: Entregar o TCC.

Tanto ser milionário como alcançar uma formação com certeza envolvem muito mais do que apenas três passos, além de exigir uma grande quantidade de esforço, energia e tempo envolvidos, sendo que tentar alocá-los dessa forma simplista o torna apenas um objetivo vago, justamente o oposto do que queremos. As metas precisam ser ferramentas para o alcance de um status ideal, e não o status de milionário ou formado em si.

O mesmo se aplica aos demais objetivos, tal como aquele de se tornar CEO. Se imaginarmos que o pretendente ao cargo ainda é um analista e existe uma quantidade relevante de cargos a serem percorridos até a sonhada presidência, não seria mais fácil criar pequenos objetivos que o levem sempre ao próximo cargo? Parte do requisito da "Meta Alcançável" está no fato de ser possível não só que seu praticante consiga visualizar sua realização de forma concreta, mas que ela também seja estipulada dentro de um prazo aceitável e coerente. Dificilmente alguém se tornaria um CEO partindo de um analista júnior dentro de um ano (período ideal para a maioria das metas) ou ainda se tornaria milionário dentro do mesmo período. Dessa forma, trazer nossas metas para a realidade é a forma mais honesta de criarmos objetivos que sabemos que temos uma grande chance de alcançar.

e) Comparáveis:

Se eu estava com dez mil reais na minha conta no dia 1º de janeiro e hoje, 31 de dezembro, eu possuo trinta mil reais, é possível fazer uma comparação real da evolução do meu patrimônio financeiro, a partir do qual eu observo que estou 200% mais rico! Esse é então o nosso último e quinto requisito mínimo para a criação de uma meta: o poder da comparação.

Poder comparar o ponto inicial versus o ponto final e verificar que houve uma melhora ou avanço são elementos essenciais para entendermos o quanto estamos progredindo dentro dos nossos objetivos. Repare, porém, que essa comparação não precisa ser estritamente matemática (em volume, percentual ou

CRIANDO METAS

quantidade). Existem diversas outras maneiras de verificar o progresso em uma meta, tais como promoções dentro da sua empresa, caso estejamos pensando em um objetivo de crescimento profissional.

3.1. Por que criar metas afinal?

Entendido o que são metas e objetivos e ainda como as metas devem ser determinadas seguindo a lógica do MRCAC, pode ter ficado algum sentimento de desânimo na mente de muitos que questionam qual a real utilidade de se determinar objetivos para a sua própria vida e a dos demais, ou ainda empenhar uma grande quantidade de tempo no planejamento dos mínimos detalhes das metas que nos farão alcançar nossos propósitos. Se você está se sentindo assim, fique tranquilo, afinal isto é bastante normal. Complexos que somos, é comum ficarmos desorientados em responder quando nos é questionado algo como "o que você quer para a sua vida?" ou ainda "onde você se enxerga daqui a dez anos?", perguntas comuns feitas pelos entrevistadores nas diversas entrevistas de emprego que enfrentamos. A complexidade de projetar um cenário futuro não apenas para si, mas também para as pessoas que nos circundam como maridos ou esposas, filhos, pais e demais parentes ou amigos, é algo que exige um grande trabalho mental de imaginação e que, quando somos confrontados de forma espontânea por essas questões, tendemos a dar respostas vagas ou sem grandes pretensões.

Se você, porém, ainda está buscando um motivo para continuar a ler este livro e está determinado a mudar para melhor o *status quo* em que a sua vida se encontra, deixando para trás velhos hábitos ruins e adquirindo novos hábitos positivos que o farão alcançar grandes feitos em sua vida, ao longo dos próximos capítulos nós aprenderemos juntos como são construídos objetivos, qual a melhor maneira de se determinar metas, como executar um planejamento passo a passo e ainda como transformar o ordinário em extraordinário, tudo de uma forma testada e aprovada cientificamente, dando a você as ferramentas necessárias para que, com apenas alguns passos, sua vida mude para algo muitas vezes melhor, focando apenas em um objetivo: o ganho de produtividade.

• CAPÍTULO 4 •

Muitos Objetivos para Fazer, Pouco Tempo para Realizar

Cinco... Quatro... Três... Dois... Um... Feliz 2015! Como já dito, o ano de 2015 foi um ano desafiador. Não houvesse a imensa lista de afazeres e objetivos que eu estipulei que realizaria durante o percorrer do ano, trabalhar das 9 às 18 diminuía meu tempo médio para executar meu plano para algo em torno de 15 horas diárias (salvo finais de semana) que, se excluída as 6 horas (em média) de sono, me deixavam com meras 9 horas diárias divididas entre o ir e vir do trabalho, a academia e também as funções de um dia a dia de quem mora sozinho (lavar, passar, limpar, cozinhar). Colocando tudo isso "na ponta do lápis" o resultado são algo em torno de 5 horas diárias de tempo útil disponível. A tarefa de cumprir todos os objetivos exigia então uma série de metas bem estipuladas e cem por cento esquematizadas de tal forma que as atividades não só não atrapalhassem umas às outras, mas que também se complementassem em um fluxo que permitiria evoluir no maior número de objetivos possíveis simultaneamente. Só que eu não comecei a pensar no que faria em 2015 apenas no começo do ano. Dia 2 de janeiro foi, na verdade, a data de início de execução das minhas metas que já haviam sido planejadas nas semanas anteriores. Da última vez, parei a história ainda no começo da minha graduação em Ciências Contábeis, isso em 2010, mas estamos falando do começo de 2015 agora. Então, antes de prosseguirmos, deixe-me atualizá-lo até o ponto onde começa de fato a história deste livro.

Salvo alguns problemas comuns a todo e qualquer estudante de graduação, como uma nota mediana aqui, ou um trabalho de última hora ali, a evolução do curso de Ciências Contábeis se deu de forma bastante tranquila e proveitosa. Apesar de no primeiro dia eu ter me chocado com a quantidade de matérias que me seriam expostas ao longo de oito semestres e o meu total desconhecimento do que era de fato essas tais Ciências Contábeis, o que pareceu uma grande barreira inicial foi apenas um incentivo a mais para que eu focasse em tentar aprender o conteúdo o mais rápido possível e concluísse as matérias no menor tempo necessário, sem precisar recorrer às provas de recuperação, trabalhos adicionais ou ainda às tão temidas DPs (dependências). A estratégia era então quase a mesma daquela que havia sido aplicada até então no ensino médio: alcançar notas elevadas enquanto as matérias se apresentavam mais básicas e depender menos de pontos quando estas se tornassem consideravelmente avançadas. Até aí nada de novo. Tudo transcorreu bem. Com notas sempre acima das médias exigidas e com dedicação durante as aulas, surgiu-me a oportunidade ainda de ser monitor de duas matérias durante a faculdade quando os meus professores de Estatística Aplicada e Administração Financeira me convidaram a ministrar aulas de reforço para alunos com dificuldades nos temas e também para os alunos em dependência. Como além do bom relacionamento junto dos professores, a monitoria me rendia benefícios financeiros, logo aceitei e, apesar de ter de investir algumas horas todos os sábados durante três semestres, digo hoje que aceitar este projeto foi uma das coisas mais interessantes que eu decidi fazer. Estar em contato com o lado inverso daquele com o qual estava acostumado, ou seja, ensinando ao invés de aprendendo, me abriu a mente para aquilo que eu realmente gostava de fazer: ajudar os outros a absorver e aprender aquilo que eu havia também aprendido e absorvido, transferindo conhecimento na prática.

Acredito que esse foi o primeiro passo para aquilo que seria a criação do site Economia sem Segredos (e dos demais sites do Grupo sem Segredos), para seguir na carreira acadêmica e iniciar meu mestrado. Quando eu ainda não desenvolvia a monitoria, dado que sempre tive o hábito de anotar quase tudo que o professor comentava em sala de aula, ao final do semestre já próximo dos exames finais, eu possuía um verdadeiro livro repleto de informações adicionais úteis sobre todo o conteúdo estudado ao longo do curso, o que me facilitava, e muito, na hora de estudar. Reparando nisso, chegada às provas e também o desespero daqueles que haviam prestado pouca atenção no professor, meus cadernos de anotações se tornavam ouro nas mãos dos aflitos que os disputavam a tapas para saber quem ficaria com qual caderno a fim de copiá-los para ter um conteúdo complementar aos livros e apostilas. Foi então que um dos meus colegas de sala de aula deu a ideia de tirarem "Xerox" ou fotos das páginas dos cadernos para que a distribuição fosse mais fácil e rápida. Com várias dessas fotos percorrendo e-mails e também as telas dos smartphones, logo alguns dos alunos começaram a postar as imagens em forma de compilados e resumos em fóruns de estudos dos temas aos quais as anotações se referiam e o número de compartilhamentos só aumentava. Só que, uma vez que as fotos e as cópias eram de baixíssima qualidade, muitas anotações eram perdidas ou mal realizadas, implicando em informações por vezes erradas que mais atrapalhavam do que ajudavam. Foi quando eu tive a ideia de montar um blog que tivessem não apenas minhas anotações com as informações corretas, mas também explicações na íntegra dos conteúdos que eu e os demais alunos estudávamos. Surgia assim então o economiasemsegredos.com onde semanalmente eu publicava um artigo com definições, explicações e exemplos de temas relacionados às áreas de Economia, Administração e Ciências Contábeis.

O que parecia ser um simples blog com breves explicações sobre tais temas que seria acessado apenas por amigos e colegas foi tomando proporções que eu jamais imaginaria. Se nos primeiros dias os acessos foram bastante tímidos, com pouco mais de dez visualizações, semana após semana conforme novos conteúdos foram sendo escritos, o número de visitantes começou a saltar da casa das dezenas para a das centenas e então chegou aos milhares. Do simples *hobby* de escrever semanalmente artigos para ajudar os outros, o Economia sem Segredos passou então a ser um projeto de verdade, com uma equipe trabalhando junto a mim, a partir do qual anos depois da criação do primeiro blog vieram os demais sites, agora com assuntos bastante específicos como o Administração sem Segredos, o Contábeis sem Segredos e também o Marketing sem Segredos. Hoje o número de visitas nos sites já passa de um milhão e existem mais de duzentos e cinquenta artigos escritos no total, diversos *eBooks* escritos (livros online) e também um livro físico chamado Previdência sem Segredos, publicado em todo o Brasil pela Editora Alta Books. Com o acréscimo dos demais sites, a responsabilidade cresceu quando eu precisava não só supervisionar tudo aquilo que era publicado de conteúdo, mas também ser autor e coautor dos artigos publicados semanalmente, criar pautas e gravar vídeos para o nosso canal no Youtube. Nesse período eu também passei pela fase final da minha graduação, o que implicava a conclusão do temido TCC (trabalho de conclusão de curso) e o início do meu MBA em Finanças Corporativas, exigindo horas e mais horas de estudos para a retirada do diploma da pós-graduação.

A pressão e a escassez de tempo durante este período eram tantas que eu comecei a falhar em algumas das minhas atividades e a faltar com a entrega de alguns dos meus compromissos, sejam pessoais, profissionais ou acadêmicos. Desanimado, eu pensei diversas vezes em abandonar alguns dos meus projetos para focar em poucos deles ou ainda em deixar de trabalhar nos sites a fim de ter mais tempo livre para lazer. Como eu disse anteriormente e provavelmente vou repetir ao longo de todo este livro, isso é bastante comum e afeta todos nós quando nos vemos frente a situações de grande estresse ou pressão física, emocional e psicológica. Porém, ao invés de desistir, eu fui em busca de ajuda e ferramentas que pudessem não apenas aliar meus projetos junto de minhas expectativas, mas também que houvesse uma maneira de aumentar meu tempo de lazer com a família e amigos. Foi quando me deparei com o tema abordado e estudado nesse livro, a autoprodutividade. A pesquisa e o estudo das diversas técnicas de como me tornar produtivo me ajudaram então a aprender a manejar diversos projetos simultâneos, manejando-os com maestria e qualidade a fim de entregar a grande maioria daquilo que eu me propunha a realizar dos planos que eu havia criado. Para isso, eu aprendi e desenvolvi aquela que é uma das técnicas mais importantes quando se pensa em organização pessoal de tempo: a harmonização de metas.

• CAPÍTULO 5 •

Criando um
Fluxo de Metas

Conforme nos foi dito por Maslow, todos nós temos diferentes tipos de necessidades, sejam elas necessidades básicas (comer, beber, dormir), de segurança (física, emocional, financeira), necessidades sociais e de estima (ser aceito e respeitado dentro de um grupo social) e de realização (estar satisfeito consigo mesmo). Com diferentes necessidades, parece lógico então termos também diferentes objetivos a satisfazer e respeitar a ordem nos quais estes devem ser cumpridos. Se Maslow nos diz que só alcançamos o próximo patamar na pirâmide social das necessidades quando satisfazemos o patamar anterior, faz-se necessário seguirmos o mesmo procedimento quando estivermos determinando qual o tipo de alvo queremos atingir. No entanto, diferentemente de uma necessidade básica versus um desejo, nos quais há uma sequência lógica daquilo que deve ser cumprido, como proceder quando temos diversos objetivos que, simultaneamente ocorrem em nossas vidas? No caso das necessidades, se eu estiver com fome ou sede, por exemplo, dificilmente eu conseguirei satisfazer outras coisas uma vez que ficarei indisposto a continuar em qualquer atividade até que minhas necessidades vitais sejam satisfeitas. No entanto, se eu estiver falando de um objetivo como "Querer viajar para a Europa" versus "Juntar mais dinheiro"? Qual destes objetivos precisa ser resolvido primeiro para que o próximo seja possível? Será que também existe uma lógica no nível de objetivos que eu estabeleço que facilita ou atrapalha os demais objetivos a serem resolvidos de forma mais fácil e rápida?

Antes de explicar o porquê, saiba que há sim uma maneira de organizar nossos objetivos de forma mais clara de tal modo que uns complementem os outros e que, ao finalizarmos um objetivo, já estaremos na verdade cumprindo metas dentro do objetivo principal. O método que separa diferentes objetivos que até então parecem difusos e os classifica em uma sequência chama-se **Técnica de Harmonização de Metas**. Sua metodologia criada por mim se ampara fortemente na sequência elaborada por Maslow. Antes de desenvolvê-la eu criava diferentes objetivos que não conversavam entre si, sendo por vezes estes objetivos até conflitantes, chegando a tal ponto que, em determinada época do ano, eu percebia que não seria mais possível entregar aquilo que havia sido estipulado, pois algumas atividades eram contrárias e uma na verdade seria a ruína da outra. Cansado e frustrado então de ter de criar "remendos" todos os anos para as minhas metas originais, desenhei a minha própria Pirâmide dos Objetivos a qual podemos correlacionar à pirâmide de Maslow com as diferentes classes de metas:

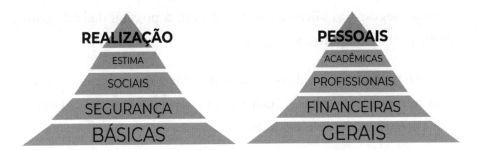

Tal qual a teoria original de Maslow, em que as necessidades mais sofisticadas dependem da saciedade das mais básicas, o método de criação de metas para nossos objetivos parte do mesmo princípio e cria uma sequência geral de como pensar em grandes objetivos a fim de cumprir outros menores que nos farão alcançar aquilo que mais desejamos. A divisão das classes ocorre da seguinte maneira:

5.1. Classes de metas

a) Metas Gerais:

Assim como nossas necessidades básicas, que guiam as demais necessidades, as metas gerais são aquelas em que nós teremos o alicerce para as demais metas. As nossas metas gerais serão um norte para que nós criemos as metas que ficam abaixo dela, como em um organograma que deve ter sua ordem respeitada.

Você se lembra do item "Respondível" que é uma das características fundamentais das nossas metas? A nossa meta geral é justamente a questão que se traduzirá na construção das metas a seguir que a complementarão. Imagine, por exemplo, que temos como meta geral no ano de 2019 realizar uma viagem para a Europa. Esta viagem será o objetivo principal desse ano e, portanto, as demais metas deverão seguir um alicerce que construam a possibilidade de concretizar nosso objetivo: a viagem.

Partindo desse ideal, as metas utilizadas a seguir serão todas de acordo com minha ideia principal, uma devendo responder o questionamento criado pela sua anterior:

b) Metas Financeiras:

As nossas metas financeiras são, em suma, as questões que teremos de resolver para alcançar as demais metas gerais que construímos. No nosso exemplo, uma viagem internacional requer uma grande quantidade de dinheiro. Custos com hotéis, passagens aéreas, alimentação, vestiário e lazer são só alguns dos itens que estão envolvidos quando realizamos este tipo de viagem e acumular tais recursos nos leva às nossas primeiras perguntas:

- Quanto dinheiro eu preciso acumular para a viagem?

e

- Qual o tamanho do capital que preciso ter para não comprometer minhas finanças?

Baseado na minha meta principal (viajar) eu consigo projetar minha meta financeira para não apenas ter recursos acumulados para ter uma viagem tranquila, mas também qual o tamanho do meu patrimônio necessário para não comprometer o restante das minhas finanças que tenho normalmente no dia a dia, como pagar contas da casa, a parcela do carro, gastos com seguro, alimentação, educação dos filhos etc.. Com as perguntas na cabeça, cabe agora a nós irmos atrás das respostas que resolverão meu problema.

c) Metas Profissionais:

Agora que eu sei que preciso de recursos financeiros adicionais para a minha viagem, além daqueles que eu já possuo para honrar com as obrigações mensais, cabe novamente a nós criarmos as perguntas certas para criar novas metas.

Conforme dito anteriormente, cada meta deve ser uma resposta para a pergunta criada na meta anterior e também uma nova questão para a próxima meta. Como estamos falando de metas profissionais, relacionamos a profissão como a fonte principal da nossa renda e, portanto, temos duas questões a serem respondidas:

- Como conseguir mais recursos financeiros?

e

- É melhor eu pedir uma promoção ou buscar um novo emprego?

Já que eu preciso de mais dinheiro para realizar a minha viagem com tranquilidade, necessito também descobrir como aumentar a minha renda. Dessa forma, como meta, eu posso estabelecer que nesse ano vou brigar por uma posição melhor dentro da minha empresa e solicitar uma promoção ao meu gestor, ou ainda, vou procurar uma nova oferta de trabalho no mercado que supra o meu objetivo anterior: ter mais dinheiro.

d) Metas Acadêmicas:

Continuando com os nossos planos, já descobrimos que para viajar (meta principal) temos de conseguir mais dinheiro (meta financeira) e que para isso precisamos de um aumento ou mudarmos de empresa (meta profissional). Mas uma vez que eu desejo uma nova promoção ou ainda ir para uma empresa melhor, eu crio alguns novos pontos que me ajudarão a responder essas questões:

- Como conseguir uma promoção dentro da minha empresa?

ou

- Como conseguir um cargo melhor dentro de outra empresa?

Podemos dizer que receber uma promoção está geralmente ligado a dois fatores: **meritocracia** e **oportunidade**. As pessoas naturalmente avançam dentro de suas carreiras ao se desenvolver e apresentar resultados cada vez melhores dentro da empresa, podendo mostrar suas qualidades quando são solicitados e tem oportunidade, preenchendo (e superando) as expectativas dos seus gestores. Só que para que um trabalhador consiga avançar profissionalmente, é necessário que ele se mantenha atualizado dentro de sua área de atuação, realizando cursos e atualizações que o capacitem a novas responsabilidades. O mesmo serve para quando se está buscando recolocação no mercado de trabalho. As empresas buscam em seus processos seletivos os melhores candidatos e para ser enquadrado como tal, cabe a nós investirmos em nossa educação, sejam com cursos de idiomas, com certificações específicas ou ainda com pós-graduações e outras faculdades.

Tentando resolver as questões das Metas Financeiras e Profissionais, como conseguiremos estar aptos para ganharmos um novo cargo (e consequentemente um melhor salário) ou ainda sermos convidados para uma entrevista em outra empresa? Respondendo a essa pergunta acabamos de criar mais uma meta para nosso quadro de metas, que pode ser:

a. Aprender inglês/espanhol.

b. Iniciar uma pós-graduação.

c. Começar uma especialização

Criando uma meta acadêmica eu respondo as questões que giram em torno de como me tornar um profissional melhor que chame a atenção tanto da minha empresa como das demais empresas de mercado, as quais podem oferecer melhores condições financeiras para que eu trabalhe junto delas, respondendo assim também a questão sobre como fazer para aumentar a renda para cumprir o ainda objetivo principal: viajar!

e) Metas Pessoais:

Imagine que no final do ano nós conseguimos completar a sequência de metas estipuladas que foram sendo criadas umas em consequência das outras. Eu realizei um curso de inglês que me abriu oportunidades para novas áreas, além de realizar um curso de especialização (Meta Acadêmica), e me destacando dos meus colegas de trabalho e com minhas novas habilidades acadêmicas foi possível concorrer e vencer a disputa por uma melhor posição dentro da minha empresa (Meta Profissional), o que me trouxe não só um salário consideravelmente maior, mas também uma série de novos benefícios (Meta Financeira). Com isso, foi possível poupar uma maior quantia do meu salário e finalmente ter dinheiro para poder fazer a viagem para Europa (Meta Geral).

E agora? Bem, segundo Maslow, ainda me falta a Meta Pessoal, algo que eu queira realizar para contentamento e prazer particular. No entanto, as Metas Pessoais são geralmente as mais difíceis de se escolher, afinal, muitas das coisas que queremos no nosso íntimo nem sempre respeitam as regras do **M.R.C.A.C.** onde eu preciso que esta seja Mensurável, Respondível, Concreta, Alcançável e Comparável.

Tentar alinhar um desejo pessoal, algo que nem sempre é tangível, a uma meta que siga os princípios da minha sequência de metas é um desafio. Porém lembre-se: mesmo sendo algo pessoal você ainda pode incluir outras pessoas junto de você para que os preceitos sejam cumpridos. No nosso exemplo, uma vez que temos uma viagem planejada, por que não aliar o nosso plano principal à realização de algo pessoal, como uma segunda lua de mel, por exemplo? Desta forma, estaríamos cumprindo as especificações da MRCAC e ainda teríamos a satisfação pessoal adicionado à nossa viagem que até então poderia ser considerada como uma viagem à turismo, apenas. Repare que no começo deste tópico decidimos como meta geral realizar uma viagem de férias e, no entanto, já temos muito mais do que isso. Com apenas a primeira meta criada, nós já estabelecemos outras cinco metas:

1. Viajar para a Europa.

2. Acumular mais dinheiro.

3. Conseguir uma promoção/novo emprego.

4. Tirar um certificado/Estudar um idioma.

5. Realizar uma segunda lua de mel.

CRIANDO UM FLUXO DE METAS

Conforme dito no começo do capítulo, quando criamos metas ou objetivos vagos demais nós nos perdemos no meio deles e não conseguimos idealizar um caminho de alcançar nossas ambições, quando muitas vezes não sabemos como construir um plano de ação para completar nossa meta principal. Já se nós separamos e classificamos cada uma das nossas ambições, repare que nosso planejamento fica muito mais fluído, apresenta muito mais lógica, fica muito mais fácil de alcançar quando quebramos ele em várias partes e ainda obtemos uma melhora ainda maior, quando partimos de apenas um "grande objetivo" e terminamos com vários outros.

E foi assim que nos meses finais de 2014 eu criei e organizei quais seriam meus objetivos para o ano de 2015 que, tamanho foi a quantidade de tarefas, o prazo acabou se estendendo em parte para 2016. Mas agora que você sabe como funciona a teoria acerca da criação de objetivos e metas para um ano todo (ou mais de um) é importante saber que nem toda regra é um dogma e que devemos segui-la cegamente sem questionar. Os meus próprios métodos de autoprodutividade são, na verdade, um *mix* de tudo aquilo que eu li, absorvi e pus em prática no meu dia a dia ao longo de vários e vários anos. Diferente do que pregam muitos métodos, nesse livro você estará livre para ignorar, alterar ou adicionar passos dentro do meu próprio método. Na verdade, é até aconselhável que você o faça! Nem tudo o que funcionou para mim funcionará para você e enxergando pontos de melhoria no processo, você estará apto a alcançar objetivos cada vez mais complexos com metas cada vez mais alinhadas com os seus anseios. O único dogma, ou "regra de ouro" que é condição essencial e que deve ser respeitada ao longo da criação de seus próprios objetivos é que você tenha pelo menos um 'Grande Objetivo' que será aquele que guiará os demais.

Como você viu, fomos capazes de criar cinco metas e objetivos partindo apenas de um grande e único objetivo: viajar para a Europa. Pode até parecer simplório, mas muitas vezes quando queremos fazer várias coisas ao mesmo tempo, nos embaralhamos de tal forma e criamos tantas barreiras de entrada para começar nossas tarefas que no final de um ano olhamos para trás e vemos pouca coisa além de planos mal desenvolvidos e insucessos. Ao contrário do que muitos pensam, às vezes mais é menos, e quão menor e mais prática for a minha tarefa, mais rápido eu consigo completá-la e estarei apto a desenvolver a próxima, e a próxima e a próxima. Essa é uma das premissas básicas do essencialismo (método de foco em pequenos objetivos que será visto à frente) em que diz para nos focarmos apenas no essencial, manter o foco naquilo que de fato vai lhe mover para frente, em vez de criar dezenas de objetivos que não conversam entre si e que por vezes são contraditórios. Respeitando a regra de ouro de se ter um grande objetivo a ser cumprido você já terá pelo menos 50% do seu sucesso garantido, não importando se você criar elementos às cinco classes determinadas (gerais, financeiras, profissionais, acadêmicas e pessoais). Além disso, dentro de cada uma dessas classes, é possível existir ainda subcategorias nas quais essas metas podem ser alocadas, tais como:

a. Metas novas e prioritárias...

b. Metas que trouxe do ano anterior...

c. Metas com recompensas e punições para atrasos/desistências.

É extremamente saudável que todos os métodos sejam questionados, lembrando apenas que a regra de ouro é algo que deve ser cumprido. Sabendo disso, você pode estar agora se perguntando qual a época certa para se criar um roteiro novo como aqueles dos "Planos para 2020"? Isso tudo depende, mas depende de que? Quantas grandes metas anuais em média você estipula para si? Quão complexas são elas? E quão reais? Todo final de ano eu começo a já pensar naquilo que gostaria de alcançar nos próximos doze meses e costumo dividir estes objetivos em diferentes classes. O modo como montamos um planejamento é exatamente o tema do nosso próximo capítulo.

· CAPÍTULO 6 ·

Mãos à Obra: Começando um Planejamento...

Passado a primeira graduação e a entrega do TCC, a escolha do meu MBA veio como em um fluxo quando eu quis aproveitar o ânimo dos estudos que permaneciam logo após a conclusão do curso. Eu já trabalhava no setor bancário e estava gostando cada vez mais de atuar neste segmento. Tinha a impressão de que realizar uma pós-graduação na área complementaria meu conhecimento e expandiria minha visão sobre minha área de atuação. Apesar de eu aprender sempre e muito no dia a dia do trabalho, por vezes somente a prática pode deixar lacunas no conhecimento que adquirimos e isso porque muitos dos funcionários das empresas nas quais nós começamos a trabalhar possuem os maus e velhos vícios.

Imagine a si mesmo indo tirar suas merecidas férias em uma viagem para a Europa em um voo com uma duração de mais de oito horas no ar. Dadas as condições normais de uma viagem desse porte, o tédio é algo comumente vistos nos passageiros que passam por longas horas dentro de um avião, sem ter muito espaço para locomoção ou atividades que lhe distraiam. Adicione ainda as horas adicionais nos saguões de embarque e desembarque que tomam em média mais duas ou três horas e você tem um cenário de monotonia instaurado. A fim então de vencer esse tédio, você escolhe um livro daqueles que você tem em sua estante de casa para te distrair durante o longo percurso, algum que você já leu algumas vezes. Dado que este livro não é nenhuma novidade, quando você se recorda dos pontos principais da trama e com certeza não será surpreendido por nenhuma reviravolta mirabolante, a sua leitura é bem mais leve e você acaba passando por algumas partes com maior rapidez do que faria caso o material fosse inédito e prendesse sua total atenção ao que está sendo lido.

Tal como na releitura de um livro que já sabemos o final, quando realizamos muitas vezes as mesmas tarefas tendemos a mecanizá-las de tal forma que podemos concluí-las sem necessitar dispender muita massa cinzenta, podendo executar tais tarefas no "modo automático". Se por um lado isso é positivo, quando economizamos tempo e otimizamos a velocidade em que as executamos, por outro lado, ficamos presos à repetição daquela atividade e deixamos de questionar se ela já é certa ou errada, se cumpre nosso objetivo da melhor forma ou se estamos perdendo tempo em repeti-la continuamente. Esses vícios que muitos funcionários antigos possuem contaminam todos os que entram na empresa, uma vez que ele também irá aprender como desempenhar tais atividades com seus colegas e, portanto, é muito provável que ele adquirirá os mesmos vícios. Sendo assim, começar um curso dentro da área que eu já atuava foi um jeito que eu encontrei de ao mesmo tempo aumentar meu conhecimento no setor bancário, mas também de trazer novas ideias para dentro da minha empresa.

A estratégia para boas notas? A mesma. Como eu disse no começo desse livro, eu aprendi cedo que estudar no começo dos cursos recompensa muito mais no longo prazo quando ao chegarmos aos assuntos mais complexos. A única diferença, caso você ainda não tenha feito uma pós-graduação e não saiba, é que muitos cursos de extensão possuem matérias que duram pouco mais de duas aulas. Isso mesmo. Como alguns destes cursos possuem uma grade que aborda uma longa lista de matérias e áreas, alguns assuntos são explicados e exemplificados exaustivamente em pouco mais de quatro ou cinco horas de aula. Dessa forma, cada aluno pode posteriormente se aprofundar especificamente neste tema dentro do desenvolvimento do seu TCC. Uma vez que eu atuava no mercado de crédito, estudava o mercado de crédito e gostaria de continuar meu mestrado na área de crédito, por que não escolher o tema do meu trabalho de conclusão de curso neste assunto que relacionava tantos itens dentro dos meus objetivos (lembre-se da harmonização de metas)?

O meu planejamento para a virada de ano começou então em meados de novembro, mês este que me deixa com um bom prazo (aproximadamente 60 dias) para organizar corretamente todos os meus anseios nas diferentes classes citadas no capítulo anterior. E foi justamente assim que passei o final de 2014, quando comecei a decidir o que seria posto como meta para o ano seguinte (2015) e quais seriam prioridades. Como de praxe, eu recomendo sempre começar a criação de seus objetivos com a classe das gerais, isso porque elas são exatamente o que o seu nome indica, ou seja, elas abrangem os demais objetivos e servem como um guia para as nossas demais metas. A fim de refrescarmos nossa memória de como são construídos os fluxos de objetivos, vamos nos apoiar na imagem da pirâmide das necessidades versus a dos objetivos.

Noivar!

Estudar um idioma

Conseguir uma promoção

Acumular mais dinheiro

Viajar para Europa

Além de serem mais abrangentes, os anseios alocados na primeira camada da pirâmide tendem a ser mais fáceis, quando estes geralmente se referem a objetivos menos complexos, como a compra do primeiro carro ou a realização de uma viagem para o exterior. A partir destes, é possível traçar as metas seguintes, como o "ganhar mais dinheiro" expresso no capítulo anterior, se qualificar para o mercado etc. Pois foi então exatamente este o meu primeiro objetivo para o ano de 2015: minha primeira viagem internacional. Até então, eu nunca havia viajado para fora do Brasil. Para ser sincero, eu ainda não havia sequer andado de avião em minha vida. Tamanho era o medo de estar em um local em que eu não me sentia seguro, ou seja, voando. Eu sempre protelei a ideia de viajar a longas distâncias que um carro não poderia alcançar facilmente, ou na pior das hipóteses, em um ônibus para viagens mais longas. No entanto, chegados os meus vinte e três anos, o medo foi vencido pela vontade de conhecer um ambiente que era totalmente diferente daquele que eu estava habitado e comumente regado de sol e calor como é aqui no Brasil. Buscando o oposto disso, a opção que apareceu para mim foi encontrada em um local bastante frio para os meus padrões. Estava criado

MÃOS À OBRA: COMEÇANDO UM PLANEJAMENTO

então o meu primeiro objetivo: conhecer Londres em pleno inverno. Mas por que Londres?

Como destino para minha primeira viagem internacional eu tentei alinhar alguns dos fatores que me chamavam a atenção em pontos turísticos e Londres acabou por preencher a grande maioria deles. Dentre os quais:

1º) **Ser uma cidade de grande porte**: apesar de eu adorar descansar em cidades do interior pelas redondezas de São Paulo e Minas Gerais, cidades do interior tendem a ter uma vida social e cultural menor do que grandes centros. A ideia era então conhecer alguma megalópole. *Check* para Londres.

2º) **Historia, cultura e arte:** falando em vida social e cultural, nada como poder acrescentar no roteiro da viagem algumas passagens em museus e pontos históricos importantes que, além de nos enriquecerem culturalmente, ajudam a viagem a sair mais em conta quando a maioria dos museus na Europa são de graça ou você paga apenas um valor simbólico.

Londres é não só uma cidade secular, mas também fez parte dos maiores eventos da história humana, seja com relatos das épocas medievais e seus grandes castelos, seja na história recente das últimas grandes guerras. *Check* novamente.

3º) **O idioma inglês:** fazer uma viagem por diversão é algo que a maioria das pessoas faz. Descansar, passear ou compras. Esses são com certeza os motivos que a maioria das pessoas tem para realizar um passeio em suas férias. Não eu (e a partir de agora vocês também não!).

Já que eu estava aproveitando meus conquistados trinta dias de férias, por que não aliar essa pausa na rotina para fazer algo produtivo junto? Foi aí que eu decidi então que aliado ao passeio pelas ruas londrinas eu aprenderia algo novo. Surge daí a ideia de fazer um intercâmbio e aprimorar meu inglês. Mais um *check* pra conta.

Diversão mais aprendizado? Olha ai o fluxo de metas se formando quando a partir de um objetivo geral eu já consegui criar meu segundo objetivo do ano, desta vez um profissional, e me tornar fluente no idioma inglês. Só que o aprendizado de um novo idioma não se restringe ao crescimento profissional, através do qual é possível galgar melhores posições dentro de sua empresa ou então no mercado de trabalho. Conhecer uma nova linguagem abre muitas portas e uma delas é justamente aquela que seria o meu objetivo acadêmico.

Como eu disse anteriormente, no período em que ministrei as aulas de monitoria na faculdade tive contato com a educação e a partir disto sempre tive um pé na área acadêmica, mas realizar um mestrado envolve mais do que apenas força de vontade. Caso você se interesse pelo assunto e queira cursar em uma das melhores universidades brasileiras, o percurso para a obtenção de sua vaga é longo e trabalhoso, envolvendo longas horas de estudos e revisões. Na maioria dos casos o candidato já deve ter também em mente algum ramo em que queira seguir seus estudos, além de dominar um idioma estrangeiro, o qual é preferencialmente o inglês. Você consegue então ver mais uma peça do fluxo de metas se encaixando nessa pirâmide de objetivos a serem cumpridos? Já na esteira de produção, com o intercâmbio eu preenchia não só o objetivo profissional como dava alicerces para o objetivo acadêmico que se dividia em duas grandes partes, sendo elas a conclusão do meu TCC e o início dos estudos para a minha pretensão de mestrado, sendo que os dois abordariam praticamente a mesma temática, o mercado de crédito. Se eu já tinha então três das cinco faixas da pirâmide preenchidas com objetivos, o que mais eu conseguiria alocar de desafio que seguisse e se aproveitasse deste fluxo de acontecimentos que estavam planejados?

À época eu já estava namorando há bons anos com a minha atual esposa que eu havia conhecido na adolescência e, com o passar dos anos, foi chegando àquela sensação de estar na hora de "juntar os trapos". Apesar de já morarmos juntos e compartilharmos o mesmo teto e as responsabilidades da casa, sentíamos que faltava algo mais formal em nossa união para que tudo fosse, por assim dizer, oficializado. Viajar para outro país, ainda mais quando estamos falando de atravessar o oceano, não é algo que possa se dizer barato ou facilmente acessível para a maioria de nós, e estar na Europa é algo que não se faz a todo instante. Pensando nisso, propus que naquele ano a minha (até então) namorada replicasse alguns dos meus objetivos em sua própria pirâmide no que se refere não só a realizar uma viagem comigo para Londres, mas também que aproveitasse para cursar um intercâmbio. Em paralelo à viagem, eu planejava secretamente utilizar um dos finais de semana que teríamos livre durante o curso para visitar Paris, a cidade considerada mais romântica pela maioria dos casais apaixonados, e com isso oficializar nosso relacionamento em um pedido de noivado em plena Torre Eiffel, fechando assim mais um objetivo, sendo este o meu objetivo pessoal: noivar. Eu já tinha então alguns objetivos, dentre eles o Geral (viajar para Londres), o Profissional (melhorar minha fluência em inglês), dois Acadêmicos (finalizar meu TCC e começar o meu mestrado) e ainda um pessoal (noivar em Paris). Só que de onde eu tiraria dinheiro para tudo isso? Vem então o objetivo final a ser criado, dessa vez os da classe Financeira.

Muitas vezes as horas do nosso dia são em sua maior parte preenchidas pela nossa rotina de trabalho assalariado que, no geral, fica em torno das 8 da manhã às 6 horas da noite. Baseado nisso, somado às demais tarefas que a maioria de nós possui, ficamos com algo em torno de quatro ou cinco horas restantes para poder desenvolver projetos pessoais, sejam eles lucrativos ou não. No entanto, dado que no ano descrito por mim neste livro a maioria dos meus objetivos envolvia em algum grau a necessidade de aumentar a minha renda para poder cumpri-los, o meu objetivo financeiro deveria ser voltado a gerar uma renda extra para comportar todos os demais. E é exatamente aqui que a teoria da criação de metas que se combinem e completem se prova verdadeira e extremamente útil (nada como um bom exemplo na prática para provarmos que estamos certos). Você se recorda que dentro da minha rotina diária eu ainda era responsável por gerir não apenas um, mas quatro sites? Além da execução das metas criadas acima eu ainda precisava encaixar de alguma maneira a gestão dos blogs que eu administrava em algum dos objetivos para que os artigos continuassem sendo escritos e publicados quinzenalmente. Só que, em vez de ter mais uma coisa para fazer em adição às metas, por que não pegar uma coisa que eu já faço e realocá-la dentro de uma meta? Bingo! Foi aí que a gestão dos sites do Grupo sem Segredos se tornaram a minha meta financeira de 2015. Explico como.

Desde o começo do Economia sem Segredos, escrever material para o site sempre foi um *hobby* para mim, sendo algo que eu fazia muito mais como um passatempo do que como um trabalho em si. Porém, com o passar dos anos e com o crescimento dos sites, a brincadeira se tornou algo profissional e as publicações começaram a envolver mais tempo de pesquisa e desenvolvimento dos artigos, além da necessidade de ajuda de colegas para manter o fluxo dos materiais postados. No entanto, uma vez que os sites já demanda-vam uma quantidade significativa de esforço para se manter, veio à minha mente a seguinte ideia: "Por que não tentar ganhar dinheiro com o meu *hobby*?". Foi quando eu comecei a estudar meios de ren-tabilizar meus blogs, seja com aqueles quadros de propagandas do Google (os tais Google Adsense), com a criação de artigos patroci-nados ou ainda com a brilhante ideia de criar materiais mais avan-çados para os nossos leitores, materiais estes que seriam compilados nos agora famosos *Ebooks* (livros em formato digital). Surgia assim um novo braço dentro dos trabalhos que desenvolvíamos nos sites com a criação de livros digitais com assuntos específicos como eco-nomia básica e intermediária, investimentos, mercado de capitais, educação financeira etc. Como esse novo projeto envolvia muito mais trabalho do que os artigos que eram escritos nos blogs, esse novo ramo em que atuaríamos seria através da venda destes livros digitais. Caso o nosso leitor quisesse se aprofundar em algum tema específico abordado em nossa grade regular, ele teria um material extra à disposição. Feito, aqui estava preenchida a minha quinta e última lacuna dentre os objetivos estipulados: ganhar dinheiro com o Grupo sem Segredos.

Porém, como diz aquele ditado "um trabalho é véspera de outro", em 2015 me apareceu mais uma proposta que eu não estava esperando. Eu fui convidado a escrever um livro, desta vez um livro físico, pela Editora Alta Books. Em um país em plena crise e com a pauta econômica pipocando em todos os jornais, o tema previdência já tomava corpo e começava a ser discutida a tal da Reforma da Previdência que nos últimos anos deu "muito pano pra manga" em discussões nos mais diversos meios, desde programas de entrevistas e telejornais, mas também nas mesas de bares e em jantares em família. Fui convidado então a escrever o livro que posteriormente se tornaria o 'Previdência sem Segredos – envelhecer sem recursos financeiros assusta mais do que a morte', um guia para aqueles que buscam não só entender como funcionam as previdências social e privada aqui no Brasil, mas que também ajude o leitor a se preparar para a sua aposentadoria.

De cara eu fiquei encantado com o convite e a resposta foi logo um sonoro sim! Escrever foi sempre uma paixão para mim e agora que eu recebia um convite para poder fazer aquilo que eu mais gosto, aliado a um ganho extra de renda (que fazia parte do meu objetivo financeiro), eu realizaria um sonho antigo de ajudar as pessoas a entenderem de forma descomplicada o mundo da economia e finanças. Foi aí que escrever o livro Previdência sem Segredos se tornou mais um objetivo para mim. Estava assim fechada a minha lista particular das coisas que eu deveria cumprir no prazo de 365 dias, as quais (como manda a teoria) estavam todas intercaladas e não só se completavam como também se ajudavam a serem cumpridas.

Lembre-se: seus objetivos devem fazer o máximo de sentido possível uns com os outros de tal modo que conforme você for avançando em algum deles, os demais também vão ganhando partes conquistadas. Objetivos muito díspares como mudar de carreira e comprar uma Ferrari podem ser bonitos no papel enquanto você estiver montando sua lista de tarefas, mas na vida real, na prática do dia a dia, é pouquíssimo provável que possam coexistir objetivos de mudar o ramo em que você trabalha para um totalmente novo, e ainda ganhar recursos advindos desse novo setor de tal modo que seja possível comprar um carro de luxo. Quando nós nos mexemos um passo para a direita, outro para esquerda, um para frente e outro para trás, no final das contas nós terminamos no exato lugar de onde começamos. Porém se alinharmos todos os passos para que sigamos na mesma direção, é muito provável que você vá muito mais longe à sua jornada para realizar seus sonhos.

· CAPÍTULO 7 ·

Teoria e Prática

Com o planejamento em mãos, agora eu visualizava o quanto de tarefas eu teria que realizar durante o ano de 2015 e isso me fez desenvolver minha própria técnica de otimização de tempo e ganho de produtividade, que descrevo abaixo. Dessa forma, ensinarei como você também pode transformar sua vida profissional e pessoal em uma máquina de resultados alcançando os mais elevados níveis de eficiência e produtividade.

Porém antes de entrarmos na aplicação prática dessa técnica, você já está familiarizado com os conceitos que estão sendo utilizados até agora? Entendidas as definições do que são objetivos e como planejá-los e alcançá-los através da criação de metas dentro de um fluxo ideal, chegamos à parte em que construiremos do zero um plano de ações para cada uma das nossas metas estipuladas, levando em conta diversos fatores que são particulares a cada um de nós como tempo disponível, urgência das metas, tipos de objetivos e, principalmente, nossa capacidade produtiva. Mas antes de começar a definir o nosso planejamento, aplicar ferramentas e métodos de gestão de tempo e desenvolver as estratégias para o alcance das metas, vale a pena entender os diferentes termos que hoje são aplicados como sinônimos de produtividade, eficiência e demais termos que muitas vezes são usados erroneamente.

São eles:

- Eficácia
- Eficiência
- Efetividade
- Produtividade

Mas afinal, por que identificá-los é tão importante?

Simples. Muitas vezes ao levantarmos um determinado problema para o qual queremos desenvolver uma solução, podemos estar em busca de métodos padrões de resolução, os quais foram e são comumente utilizados pela grande maioria de pessoas, ou então podemos querer criar novos métodos de resolução. Por isso que o entendimento de diferentes tipologias nos dá uma vantagem. Além de ter o autoentendimento do que estamos tentando fazer, o conhecimento dos termos permite que nos expressemos da maneira correta. Quando nos comunicamos com os demais envolvidos nos processos, estes precisam ter em mente, e de forma clara, qual é o nosso objetivo.

Imagine você dizendo a alguém, por exemplo, que quer um trabalho **EFICAZ** por parte dela, ou seja, que quer XXX e o seu colega de trabalho ou subordinado entende o oposto e faz YYY. A falta de entendimento entre as partes pode causar um problema no projeto e, consequentemente, fazer com que a sua empresa perca tempo e dinheiro (o que na maioria das vezes é tudo a mesma coisa), trazendo desperdício de recursos dos envolvidos de forma totalmente desnecessária. Imagine agora então o seu chefe solicitando uma solução **EFICIENTE** para o resultado de um grande trabalho, mas você não entende ao certo o que ele solicitou a você e acaba estragando tudo. Esse tipo de situação não é tão diferente daquilo que nós vemos no dia a dia e dentro de nossas rotinas quando a falta de domínio em termos básicos nos faz compreender erroneamente o que os outros e também o que nós mesmos queremos alcançar. Sendo assim, a fim de esclarecer cada um dos termos, podemos ver as suas definições e exemplos de uso logo abaixo:

a) Eficácia

Quando falamos sobre eficácia, estamos falando sobre o cumprimento de tarefas em si, independentemente de quais sejam elas ou como elas foram resolvidas. Se eu me proponho o objetivo, por exemplo, de limpar o meu apartamento por inteiro durante meu final de semana e ao final do domingo à noite eu entrego todos os cômodos limpos, significa que eu fui eficaz na minha tarefa.

Nesse caso eu determinei um objetivo, o de limpar a casa, e impus uma meta a esse objetivo, que era de utilizar meu final de semana para concluí-lo. Independentemente do modo que eu realizei essa limpeza, caso a casa esteja límpida até as 23:59 do domingo significa que meu objetivo foi entregue e meu problema resolvido. Repare, no entanto, que a utilização de aproximadamente 48 horas para limpar um apartamento pode soar estranho, pensando que um apartamento médio tem pouco mais de quatro ou cinco cômodos no total. Será que então, apesar de ter concluído minha tarefa de forma eficaz, ou seja, dentro dos parâmetros estipulados, eu a completei da melhor maneira?

b) Eficiência

Se uma pessoa eficaz é aquela que completa seu objetivo, uma pessoa eficiente é aquela que não só completa seu objetivo, mas o entrega da melhor maneira possível. Explico.

Ainda utilizando como exemplo o objetivo da limpeza de apartamento, repare que eu coloquei um valor máximo de tempo no qual gostaria de realizar minha tarefa (48 horas), porém não determinei um valor mínimo para sua conclusão. Se eu conseguir finalizar a limpeza até o horário estipulado serei uma pessoa eficaz, dado que cumpri o objetivo. No entanto, caso eu consiga terminar a limpeza total do meu apartamento até o sábado à noite significa que eu fui não apenas eficaz, mas sim eficiente.

A eficiência então é quando nós conseguimos entregar o resultado de nosso objetivo da melhor maneira, consumindo menos recursos, da forma mais rápida e utilizando o mínimo de esforço necessário. Quando somos eficientes, significa que não apenas seguimos o senso comum de realizar a tarefa como a maioria das pessoas faria (no nosso caso, pegar um pano, uma vassoura e um esfregão e sair limpando a casa). Ser eficiente significa ter um planejamento, mesmo que mínimo, para poupar recursos e esforço entregando o mesmo resultado que uma pessoa eficaz entregaria, porém mais rápido, melhor e de forma mais barata (limpando cômodos próximos ou com um mesmo método de limpeza em cômodos semelhantes, tais como a cozinha e o banheiro, por exemplo).

c) Efetividade e Produtividade

Produtividade e eficiência têm muito em comum, quando ambas buscam a excelência no resultado obtido. A palavra produtividade vem então como um termo que remete ao ganho de escala de resultados com redução de tempo ou esforço aplicado. Imagine, por exemplo, uma indústria que produz cerca de mil automóveis dentro de um mês utilizando as oito horas diárias de trabalho de seus funcionários. Em determinado mês do ano, o dono da empresa percebe que houve um aumento na compra de automóveis no mercado e decide então que para atender a esse crescimento de demanda vai produzir agora mil e quinhentos automóveis por mês.

Sendo assim, ele possui basicamente três formas de alcançar o seu objetivo:

1. Aplicar mais horas de trabalho pagando horas extras aos seus funcionários a fim de aumentar a proporção hora/trabalho.

2. Aumentar o número de funcionários contratados a fim de aumentar a proporção trabalho por hora.

3. Reorganizar e otimizar a sua linha de montagem, mantendo o mesmo número de horas trabalhadas e o mesmo número de funcionários, porém cumprindo a necessidade de quinhentos carros adicionais.

Você consegue perceber a diferença?

Apesar de o dono alcançar o seu objetivo em todos os cenários, um deles parece ser melhor dos que os demais, certo? Tanto no cenário 1 como no cenário 2, apesar dos quinhentos carros a mais serem entregues, a empresa precisou desembolsar recursos seja no pagamento de horas adicionais de trabalho ou na ampliação de seu quadro de funcionários. Dessa forma a empresa foi efetiva em concluir a sua missão, porém poderia ter feito algo diferente. No caso do cenário 3, a empresa não teve desembolsos financeiros com mais salários ou contratações e ainda assim chegou ao mesmo valor dos outros dois cenários. Isso porque ela idealizou um objetivo (aumento de produção) e teve que traçar um plano de como o alcançaria, o que provavelmente levou em conta horas de planejamento em entendimento de como a linha de produção funciona, como cada funcionário se posiciona na montagem, quanto tempo cada etapa de montagem do carro leva etc.

Já que estamos falando de produtividade, será que você conseguiria agora descrever com algum nível de detalhamento o que é "ser produtivo"? Caso você tivesse que explicar para alguém totalmente leigo no assunto, ou até para uma criança, o que torna uma pessoa produtiva, como você explicaria? Se este desafio fosse dado a mim, eu tentaria (como sempre) simplificar ao máximo o que é produtividade e o que torna uma pessoa produtiva, sem usar termos complexos ou rebuscados, afinal, não é isso que um leigo está buscando. Dessa forma, um bom modo de descrever produtividade é:

*"Conseguir fazer tudo aquilo que se precisa
fazer na menor quantidade de tempo necessário
e da forma mais prática possível"*

TEORIA E PRÁTICA   67

Simples e direto, ou melhor, prático e eficiente! Quando estamos discutindo produtividade, nada melhor do que aplicá-la logo em sua definição. Afinal, se querermos ser produtivos é melhor que consigamos explicar logo de primeira nosso ponto de vista, para que não tenhamos que perder tempo em uma eventual nova explicação. Mas e se recebêssemos um novo desafio: descrever habilidades ou aptidões que as pessoas produtivas possuem. O que você elegeria como as principais? Enquanto eu estava escrevendo esse livro, conversava constantemente com amigos e tentava entender o que eles entendiam por "alguém produtivo" e consegui absorver as características que as pessoas geralmente associam a este tipo de pessoa, dentre elas, eu elegeria duas mais importantes:

> **1º) Organização**: sim, essa é essencial. Uma pessoa que é produtiva é antes de tudo uma pessoa organizada, afinal, grande parte da produtividade (eu estimaria algo próximo dos 70% a 80%) trata-se de justamente de saber qual o lugar certo para cada coisa sua e onde cada coisa está. Repare que quando falo "onde cada coisa está" não estou me referindo a apenas objetos físicos como as chaves do carro, o controle remoto, o seu cartão de estacionamento do shopping, suas meias etc., mas também saber alocar seus compromissos de forma sequencial e lógica.

Pense em quantas manhãs você já chegou atrasado ao trabalho por não encontrar suas chaves de casa para poder sair, ou não encontrou sua passagem de transporte público que deixou jogado em algum lugar na noite anterior quando retornou para casa. Ou pior, quando se atrasou para uma importante reunião por não saber onde está o par da meia que você iria utilizar essa manhã! Como dar uma desculpa dessas para o seu chefe? Apesar de cômico, é bastante comum as pessoas deixarem passar estes pequenos detalhes por não dar a devida atenção a estes que, se observados individualmente, lhe tomam apenas alguns segundos, mas se vistos em conjunto retiram boas horas no final de um período mais longo como uma semana ou um mês. Para uma pessoa organizada, manter padrões e rotinas (como é dito no capítulo 9) são essenciais, uma vez que ela nos poupa de termos de empenhar tempo na procura daquilo que precisamos.

E se estamos falando da disposição de tarefas? Saber organizá--las de forma lógica também é uma característica em comum que as pessoas organizadas e produtivas possuem. Ao acordar, por exemplo, eu vou à cozinha antes de tudo e preparo o meu café para só depois voltar ao banheiro para dar início à rotina de higiene (escovar os dentes, lavar o rosto, pentear o cabelo). E você sabe o porquê de eu fazer isso? É tudo uma questão de lógica e organização! Antes de estudar sobre produtividade, a maioria das minhas tarefas eram feitas de forma aleatória e sem nenhuma organização. Por diversas vezes eu realizava meu dia a dia sem qualquer sequência ou planejamento, simplesmente fazendo o que me era solicitado sem ao menos pensar no que era prioridade ou não, e deixando várias coisas importantes para trás. E sim, até pequenos detalhes importam quando estamos falando de uma rotina bem organizada. No exemplo do café, quando antes eu fazia a minha rotina de higiene e me trocava para ir somente depois para a cozinha preparar minha bebida, eu costumava perder de cinco a dez minutos fazendo nada enquanto olhava para a cafeteira trabalhando, o que geralmente me custava alguns minutos de atrasos. Foi quando após me organizar e pensar de forma lógica minha rotina que idealizei "por que não ligar a cafeteira antes de

TEORIA E PRÁTICA

qualquer ação e enquanto meu café está sendo preparado eu utilizo este tempo para escovar os dentes e me preparar para o trabalho?". Hoje em dia quando olho para trás e vejo os erros que cometia no "mau uso" do meu tempo é que vejo que ser organizado é o essencial de qualquer pessoa que busca produtividade, mas para encontrar a rotina perfeita eu precisei ir atrás de muita informação para entender o que estava errado na minha vida e que me deixava descontente com toda a situação, justamente a segunda habilidade que as pessoas consideram que alguém produtivo tem:

> **2º) Insatisfação**: apesar de parecer uma palavra depreciativa, a insatisfação na verdade é algo realmente positivo e poderoso. Por que as pessoas trabalham ou estudam com maior afinco? Ora, elas querem uma promoção ou um aumento que as permitam ter mais dinheiro sobrando para fazer aquilo que gostam. Por que então pessoas acima do peso emagrecem? A insatisfação com o seu sobrepeso se torna um problema para elas. E por que alguém se separa de um casamento infeliz? Esta pessoa também quer mudar uma situação na qual ela está descontente. A insatisfação é então a fagulha que nos move de um estado ruim ou depreciativo para outro melhor e satisfatório. Quando estamos insatisfeitos com algo, tendemos a querer mudar o que está nos incomodando.

Vejo frequentemente as pessoas relacionando o sucesso pessoal de grandes empresários ou pesquisadores ou então atletas renomados ao fato de eles serem "estudiosos" no assunto ou tarefa que dominam. No entanto, como você observará ao longo deste livro, não existe grande correlação entre o fato de você empenhar muitas horas do seu dia em determinada tarefa com o fato de você ser bem-sucedido nelas. Já dizia o ditado "a prática leva à perfeição" onde nós acreditamos que quanto mais praticarmos determinada atividade, melhor ficaremos nela. O dito não está errado, mas existe outro conhecimento popular que é um contraponto a ele que diz: "não é porque você fez muito uma coisa que você está certo. Às vezes você só está fazendo a coisa errada há mais tempo!". Conseguiu pegar a diferença? É comum pensar que "quantidade" vale mais que qualidade, mas muitas vezes o menos é mais. Quando você estava no colégio ou faculdade com certeza havia aquele colega de classe que parecia estudar menos do que os demais e ainda assim mantinha as maiores notas. "Ele é inteligente" é o que as pessoas costumam dizer, mas às vezes elas podem estar se referindo à qualidade errada daquela pessoa. O correto a dizer é: "Ele é produtivo"!

Nem sempre estudar várias horas é o ideal. Como você verá ao longo desse material, vale mais você estudar da forma correta (organizada e com pausas) do que se isolar em seu quarto e ficar lendo e relendo o mesmo trecho do livro sem absorver nada de fato. Eu mesmo passei por isso. Na minha graduação eu estava insatisfeito em perder longas horas de sono ou lazer tendo de rever todo o conteúdo antes das provas para relembrar aquilo que havia sido dito. Pensando em ser mais produtivo e economizar essas horas perdidas, mudei minha postura e durante a explicação do professor, eu tentava absorver o máximo de conhecimento possível e sempre que havia alguma dúvida eu questionava durante a aula mesmo (ao contrário de muitos que ficam com preguiça ou até vergonha de perguntar), de tal modo que quando eu chegasse em casa precisava simplesmente reforçar rapidamente o material aprendido realizando poucos exercícios a fim de comprovar o que foi passado. Eu economizava esforço e ganhava tempo, mas só atingi esse estado depois de ir atrás de muita informação sobre como ser produtivo e estudar horas e mais horas os diferentes métodos de como otimizar minha vida. Eu estava insatisfeito com o modo como as coisas estavam ocorrendo e somente essa insatisfação com a minha realidade foi capaz de me dar forças para querer mudar minha rotina.

Quando buscamos produtividade, temos que ter em mente que a ideia principal do termo é: ganhar mais, fazendo menos. É por isso que o tema principal do nosso livro chama-se **Autoprodutividade** e não autoeficácia ou autoefetividade. Quando pensamos em produtividade estamos falando em entregar mais do que aquilo que estávamos acostumados a entregar, fazer mais do que o básico que já fizemos, porém dentro do tempo que sempre fizemos, ou até reduzindo este tempo. A palavra produtividade remete então a poder realizar não apenas mais tarefas simultaneamente, mas também em ser eficiente nessas tarefas e deixar de lado as atividades que não nos agregam valores e que consomem tempo útil de nosso dia a dia, para focarmos no essencial.

Agora eu gostaria de lhe fazer uma pergunta.

7.1. Nós somos todos iguais?

Eu sinceramente acredito que não e penso que você deva ter mais ou menos a mesma opinião que eu, certo? Então se não somos todos iguais, é plausível esperarmos que diferentes pessoas entendam da mesma maneira um processo que, por natureza, pode envolver dezenas, centenas e às vezes até milhares de métodos de resolução?

A resposta também é **NÃO**!

Dessa forma, quando estivermos iniciando a montagem, desenvolvimento e/ou criação de um novo projeto ou ideia, devemos entender um dos conceitos mais importantes no estudo da produtividade quando estivermos tratando de trabalhos que envolvam uma equipe:

"Produtividade é um conceito individual, particular e mutável".

Diferentes pessoas podem possuir diferentes ideias para um mesmo problema, sendo que não necessariamente alguém está correto (o que só pode ser definido após muita discussão). Então de nada adianta cobrar que diferentes pessoas, mesmo que de um mesmo grupo, possuam a mesma opinião de como um problema deve ser resolvido, podendo isso gerar dúvidas e também conflitos. Além disso, cada um de nós possui um organismo diferente que responde a estímulos ao longo do dia das mais variadas formas.

Há aqueles que são 100% enérgicos pela manhã, partindo para a academia logo cedo e ao entrarem no trabalho começam a desenvolver todas as suas tarefas de uma maneira absurda. Porém, logo depois do almoço o ânimo vai caindo e ao final da tarde, próximos da hora de ir embora, o cansaço físico e mental já tomaram conta da pessoa, tornando-a alguém totalmente improdutiva. Por outro lado, quem não conhece alguém que enrola o máximo possível pela manhã e só "pega no tranco" mais à tarde? Muitas pessoas possuem hábitos mais noturnos e o final da tarde (ou até o início da noite) é o período no qual ele vai produzir mais. Portanto, é difícil determinar um horário fixo e taxá-lo como o "horário certo" ou o "melhor horário". Muitos de nós possuímos um momento diferente de ápice produtivo e nos forçar a nos encaixar nos horários dos outros gera quase sempre a tal da improdutividade. E não sou eu quem está dizendo isso não. Todo o nosso livro é apoiado em ciência pura! Confira abaixo:

> **Ciência em foco:** tudo na vida ocorre através de ciclos e com a ciência que estuda a biologia humana não é diferente. Você com certeza já ouviu falar do nosso relógio biológico, certo? Mas sabia que ele de fato existe e funciona como um ciclo?
>
> Nós estamos falando dos ciclos de ritmos ultradianos, circadianos e do ritmo infradiano, sendo esses os principais percursos de tempo biológico que nosso corpo percorre ao longo de toda a nossa vida, sendo:
>
> 1. Ultradianos: ciclos de processos biológicos que ocorrem em prazos de horas (média de 90 a 120 minutos), tais como o apetite, a vontade de ir ao banheiro, nossos batimentos do coração e muitos outros.
>
> 2. Circadianos: ciclos de processos biológicos que ocorrem em prazos diários, tais como dormir.
>
> 3. Infrafianos: ciclos de processos biológicos que ocorrem em prazos maiores de um dia, como semanas ou meses, dentre eles a menstruação feminina e a gestação.

No campo da produtividade, é comum muitos teóricos utilizarem os ciclos ultradianos para medir a capacidade de produção diária, posto que nosso dia a dia é comumente guiado pelo período de 8 horas (o padrão médio de expediente dos trabalhadores brasileiros). Se multiplicarmos 8 (número de horas) vezes 60 (minutos por hora) concluiremos que temos ao todo 480 minutos que podem ser trabalhados ao longo do dia. Então pelo ciclo ultradiano temos ao todo 4 grandes ciclos dentro do nosso expediente (480 minutos ÷ 120 minutos = 4 ciclos), os quais são utilizados pelas mais diversas técnicas de distribuição de tarefas x tempo, vistas nos capítulos adiante.

Mas e se eu trabalhar em uma empresa com horário fixo?

Esta é a grande dúvida da maioria das pessoas e também o seu maior problema, quando muitas empresas não possuem horários flexíveis e o dia é todo dividido em tarefas com horários pré-determinados. O que fazer então se meus relatórios devem ser entregues pela manhã, quando ainda estou sonolento, ou então se todas as reuniões são nos períodos do final do dia, justo na hora que eu estou mais cansado? De fato muitas empresas seguem o padrão das 08:00 às 18:00 e muitos de nós ficamos "presos" a ter de cumprir nossas tarefas dentro deste horário disponível, não podendo fazer hora extra (afinal a empresa já te paga para executar seu serviço no horário normal) ou então home office (muitas empresas possuem sigilo de suas informações e preferem as manter dentro das empresas, por exemplo). Sendo assim, existem algumas alternativas para que possamos tentar ser produtivos no espaço de tempo disponível dentro da empresa em que trabalhamos e ainda otimizar nossas tarefas para podermos executar nossos objetivos estipulados anteriormente. O principal método para obter então sucesso na execução de nossas metas é através da técnica do Mapa da Produtividade.

· CAPÍTULO 8 ·

Montando um Mapa de Produtividade

Quando somos mais produtivos? Como dito anteriormente, isso depende muito de pessoa para pessoa. E até uma mesma pessoa pode na verdade variar o seu nível de produtividade dentro de uma mesma semana, em diferentes idades, dependendo do humor e até em diferentes épocas do ano. A produtividade é um estado muito instável e ele depende de diversas variáveis que podem atrapalhar em determinado dia, mas em outro pode beneficiar na nossa execução das tarefas. Posto que estamos suscetíveis a este tipo de variação brusca de sentimentos, nada melhor do que poder parametrizar nosso dia a dia e torná-lo mais regrado a fim de se evitar erros, seja na execução das tarefas do nosso trabalho ou então no período de tempo em que estaremos trabalhando em outros tipos de objetivos (pessoais, acadêmicos etc.). O passo a passo abaixo reflete a técnica desenvolvida por mim para que o seu dia seja mais produtivo através de um mapa que você seguirá. Os passos para a criação de seu mapa de produtividade envolvem as seguintes etapas:

1. **Quebra do dia em pequenas porções:** quanto menor a atividade a ser desenvolvida, mais fácil é completá-la.

2. **Mapa das atividades diárias:** o que você faz ao longo do seu dia?

3. **Classificação de atividades:** profissional, pessoal, acadêmica? O que precisa ser feito?

4. **Quando você é mais e menos produtivo:** entender como seu humor funciona o ajuda a ser mais eficiente.

5. **Testes e validações:** será que sou tão produtivo quanto eu pensei?

6. **Ordem de importância/relevância:** o que eu devo fazer primeiro?

7. **Revalidando metas e tarefas:** o que eu estipulei é a melhor escolha?

Com estes sete simples passos é possível criar o seu próprio Mapa da Produtividade que lhe ajudará a compreender se suas tarefas foram estipuladas corretamente, se você está alcançando o planejado, se as metas condizem com seu objetivo e ainda se você está alcançando o máximo de seu potencial. Vamos entender então passo a passo como desenvolver cada uma das etapas.

8.1. Passo a passo para criação de seu mapa de produtividade

1º) Quebre o dia de trabalho em pequenas porções

Nossa vida é cheia de tarefas e parece que elas não param de se acumular, não é verdade?

As vezes temos que montar um relatório gigantesco no trabalho, fazer a lista de compras de presentes para o natal ou então estamos querendo montar nosso roteiro das tão merecidas viagens que vamos realizar pela Europa. Mas estas atividades são de longe cansativas e exigem uma aplicação imensa de trabalho sobre elas, sendo quase impossíveis que terminemos rapidamente todo o processo que elas envolvem. O que fazer então diante destas situações? A resposta na verdade é bem simples. Basta quebrarmos uma tarefa complexa em pequenas tarefas menores até o ponto que cada uma delas sejam facilmente realizáveis, para que ao final do processo nós tenhamos completado a tarefa sem sequer ter percebido sua dificuldade.

Tanto na nossa vida pessoal como no nosso ambiente de trabalho é a mesma coisa. Temos uma série de tarefas para realizar no dia a dia e muitas delas são extensas e demoradas, podendo durar dias, semanas e até meses dependendo do projeto em que estamos. Ainda assim, como em qualquer organismo vivo que possui células, grandes corpos podem ser divididos em pequenos corpos repetidamente até que cheguemos a uma unidade quase indivisível (no caso dos nossos corpos também as células). Essa divisão é feita para que possamos "atacar" cada unidade pendente de forma individual ao ponto que conforme vamos avançando no cumprimento das tarefas, vamos resolvendo o problema maior de forma mais simplificada. Dentro da nossa rotina em nossos trabalhos temos em média 8 horas diárias para que possamos realizar nossas obrigações. Se pensarmos no DIA como uma entidade inteira, temos que dentro desse dia possuímos unidades menores que podem ser quebradas cada vez em unidades menores.

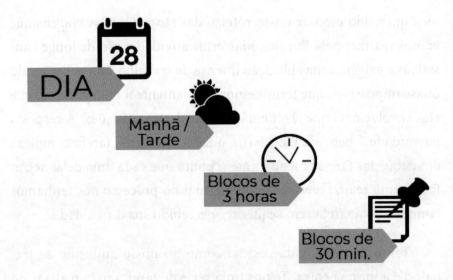

Ao dividirmos nosso dia em porções de tempos menores, temos a oportunidade de enxergar melhor, como quem olha um grande mapa de cima e vê com maior clareza, quais os espaços existentes que podem ser preenchidos cada um com uma atividade, podendo alocar as atividades que mais se adequem a cada espaço de tempo.

Mas como eu sei qual atividade deve ficar em cada espaço?

Simples. Primeiro você deve anotar quais horários que você possuiu tempo disponível e entender como é a sua produtividade ao longo do dia, conforme ensina o nosso próximo passo.

2º) Mapeie as suas atividades diárias

Como dito anteriormente, cada um de nós é diferente de nossos amigos, parentes e colegas de trabalho, sendo que não existe uma "hora certa" para fazer determinada tarefa. Uma vez que temos diferentes personalidades, existem aqueles que se comportam de maneira mais proativa no começo da manhã, enquanto que outros no meio da tarde ou só ao final do dia. É normal. Então se você se sente "fora do ritmo" de seus pares, não se desespere!

"Don't panic" (Douglas Adams).

A regra é anotar dentro dos períodos que você separou, qual deles se considera mais propício a se concentrar em algo trabalhoso, quais períodos você apresenta alguma lentidão ou aquela preguiça ou em qual deles você já está pensando em ir para casa. Um bom exemplo de como essa divisão pode ser feita é descrito abaixo e deve ser da seguinte maneira:

Manhã

Tomando-me como exemplo, eu apresento alguma lentidão logo pela manhã, onde geralmente demoro a despertar e entrar no meu ritmo produtivo de começo de dia. No caminho para o trabalho eu quase sempre aproveito para me atualizar nas principais notícias do dia, ou quando estou buscando apenas alguma distração, aproveito para ouvir um episódio de alguns dos meus podcasts favoritos.

Na primeira hora do meu dia profissional eu a utilizo para tarefas mais *lights* e que exigem de mim menos disposição ou criatividade, alocando atividades como ler um relatório do final do dia anterior (hora que eu também começo a desacelerar), verificar e responder e-mails, buscar notícias nos diversos jornais e montar a lista de atividades que realizarei naquele dia. Depois desse breve momento de "suavização" e após estar recarregado com uma boa xícara de café (combustível essencial do meu dia), eu inicio atacando as principais tarefas do dia, geralmente aquelas que vão exigir extrema atenção ou olhar analítico, pois acredito que para mim essa é a melhor hora da manhã para "queimar os neurônios". Costumo manter esse ritmo de frenesi até a hora do almoço (12h... 12:30h...), hora essa que a fome começa a incomodar e o estômago me lembra que está na hora da merecida pausa.

Almoço

No pós-almoço a lentidão volta a assombrar a maioria de nós (eu inclusive), quando estamos relaxados e satisfeitos com nossas refeições que nos deixaram de barriga cheia. Só que você sabia que dependendo do que você comeu de refeição pode ajudar ou atrapalhar o seu fluxo de produtividade?

É engraçado como tudo impacta a nossa rotina e produtividade. Se dormirmos muito tarde durante o fim de semana ou dormirmos mal é quase certo que teremos uma semana difícil. O mesmo vale para caso acordarmos tarde naquele domingo ensolarado, já que deixamos de aproveitar um bom pedaço do dia logo pela manhã, perfeito para a prática de exercícios e atividades físicas ao ar livre. Mas se tudo o que fazemos impacta a nossa rotina, por que com a alimentação seria diferente? Você com certeza já comeu aquela feijoada em alguma quarta-feira e depois de almoçar voltou para o trabalho e quis mais do que tudo tirar uma boa soneca. Você olhava para o relógio e a hora parecia não passar enquanto que o sono só aumentava e então começaram as "pescadas" (isso para não falar dos funcionários que utilizam as cabines no banheiro como local de repouso).

MONTANDO UM MAPA DE PRODUTIVIDADE   83

Pode não parecer, mas o jeito como nós nos alimentamos impacta e muito o nosso dia a dia, onde existem alimentos que ajudam a manter ou até aumentam a nossa produtividade, enquanto que existem aqueles que drenam a nossa energia e nos traz uma imensa preguiça. Comecemos então com aquilo que nós não devemos comer:

O que não comer

a) Alimentos gordurosos

Não é segredo para ninguém que após comermos uma comida muito pesada nós nos sentimos moles e com uma vontade imensa de repousar. Mas por que será que isso acontece?

O que ocorre no organismo é que após nos alimentarmos nosso corpo destina grande parte de sua energia para o processamento e digestão dos alimentos ingeridos e esse processo que pode durar até 12 horas para ser concluído demanda uma quantidade enorme de energia. Além disso, comidas gordurosas são mais lentamente digeridas dada a sua composição química, compostas basicamente de carbono, oxigênio e hidrogênio com grandes estruturas moleculares que não são digeridas facilmente na água. O processo é então mais longo ainda uma vez que nosso corpo precisa quebrar essas moléculas em pedaços cada vez menores, o que toma mais tempo e aumenta a produção de proteínas chamada UCP (associadas também à obesidade) que segundo estudos prejudica a utilização de oxigênio pelo organismo, que é responsável pela respiração celular, sendo esta quem dá energia às nossas células para que possamos tanto realizar atividades motoras como andar ou agarrar algo ou ainda as atividades cerebrais. Ainda segundo estudos, a diminuição de oxigênio no corpo atrapalha a concentração, aumenta a perda de memória de curto prazo e dificulta a prática de exercícios.

Apesar da má fama, as gorduras são fontes concentradas de energia, além de possuírem em seu interior diversas vitaminas lipossolúveis que são importantes para o nosso organismo. Então, na prática, a verdade é que precisamos consumir gorduras em nossa alimentação, porém deve-se ficar atenta à que tipo de gordura deve ser ingerida. A gordura recomendada, aquela que encontramos em peixes, por exemplo, é a HDL (que no inglês é *High Density Lipoprotein*) sendo esta uma lipoproteína de alta densidade, a qual ajuda a remover o excesso de colesterol das artérias do corpo, evitando assim sua obstrução e um consequente infarte. Já a LDL (*Low Density Lipoprotein*) é o "colesterol ruim", posto que este favorece o acúmulo e obstrução de artérias sendo que a Gordura Trans, aquela gordura tão temida e difundida na mídia, é uma LDL. Portanto, não adianta apenas dizer que vai cortar a gordura de sua dieta sem ao menos entendê-la. O ideal é a visita a um nutricionista para que esse possa direcionar o que deve ou não fazer parte das refeições e ainda em que quantidade.

ALIMENTOS RICOS EM HDL (COLESTEROL BOM)	ALIMENTOS RICOS EM LDL (COLESTEROL RUIM)
Azeite de oliva	Frituras
Alho	Chocolate ao leite
Castanha do Pará	Margarina
Açaí	Queijos processados
Peixes (em especial sardinha)	Embutidos (salsicha, presunto, linguiça)
Aveia	Biscoito recheado
Frutas (morango, abacate, banana)	
Chocolate amargo	

b) Alimentos com glicina

Glicina é um aminoácido que quando presente em nosso corpo é responsável pelo relaxamento muscular, alívio de estresse e nervosismo, provocando uma leve sensação de sedação ou sonolência, tudo o que não queremos sentir durante o dia. Ela é encontrada na camomila, a qual muitos consomem à noite em forma de chá para ter relaxamento antes de dormir.

c) Alimentos do gênero passiflora

O principal exemplo de passiflora é o maracujá, fruta com propriedades relaxantes que atuam como um calmante natural, dando sensação de conforto, e relaxamento a quem consome. Além disso, há também o efeito de sedação, pelo qual a concentração se reduz a níveis baixíssimos e a atenção se torna vaga e facilmente perdida.

d) Álcool

O consumo de álcool impacta em muito a atenção e a disposição quando este prejudica o sistema nervoso. O etanol, substância presente nas bebidas alcoólicas, afeta diretamente os neurotransmissores e prejudica a passagem dos sinais trocados entre eles, resultando no retardamento da mensagem do corpo com o cérebro e causando os sintomas de lentidão e pode provocar sonolência, mudanças repentinas de humor, perda de controle motor, reflexos lentos e perda de concentração.

O que comer

a) Açaí

Sobremesa preferida dos atletas não profissionais (e dos profissionais também, por que não?), o Açaí é uma fruta típica brasileira que possui uma série de benefícios sendo que ela é rica em carboidratos que nos fornecem energia, possui diversas vitaminas (B1, B2 e C), além de ser fonte de gorduras HDL.

b) Água de coco

Encontrada em qualquer praça, bar e principalmente na praia, a água de coco é uma bebida naturalmente energética, além de proporcionar um elevado nível de hidratação sendo recomendado até mais do que a própria água, pois possui um componente químico que repõem os minerais perdidos no processo de transpiração, além de evitar cãibras. A água de coco é fonte de vitaminas (B1, B2 e B5) e minerais (cálcio, magnésio, sódio, potássio manganês, ferro e zinco).

c) Mel

Um alimento altamente energético dada aos dois tipos de carboidratos que o mel possui, sendo eles a glicose e a frutose, além de possuir vitaminas do complexo B, responsável pelo estímulo ao metabolismo de produção de energia. É também fonte rica de minerais.

d) Aveia

Este cereal é famoso por ser fonte de carboidratos que ajudam a controlar o nível de açúcar no sangue e também o colesterol. Possui ainda as mesmas vitaminas do complexo B e ainda sacia a fome.

e) Chocolate amargo

Para os chocólatras de plantão que não conseguem ficar longe deste doce, saiba que nem sempre o chocolate faz mal. No entanto, quanto maior for a concentração de cacau presente no chocolate mais saudável ele é, posto que terá menos alterações em sua fórmula que as empresas adicionam para deixar o sabor mais doce, como leite e açúcar.

O chocolate amargo possuí cafeína, a qual estimula o metabolismo e deixa a pessoa em estado de maior concentração e disposição.

f) Banana

A banana é um reconhecido alimento que ajuda a prevenir caibras dada o potássio que ajuda a reduzir o enfraquecimento muscular e fadiga, além disso, ela é fonte rica do aminoácido triptofano, o precursor da serotonina que ajuda a regular o sono e o humor.

Ciência em foco: falando em serotonina... você sabia que ela é um neurotransmissor que atua de forma ativa no cérebro e ajuda a controlar e regular o nosso humor, o sono, o apetite, o ritmo cardíaco dentre outras de nossas funções corporais. Conhecido como o neurotransmissor da felicidade, por ter tamanha importância a serotonina quando em falta pode atrapalhar a maior parte de nossa rotina, uma vez que quando estamos com baixa concentração dela temos dificuldade para dormir e consequentemente menor disposição, apresentamos mau humor, além de aumentar o apetite constante, o que nos faz querer comer algo a toda hora. Sua falta ainda dificulta a nossa capacidade de aprendizado e memorização, impactando também a nossa atenção durante o dia, dado que ela nos leva a uma forte sonolência. Sua falta no organismo está intimamente ligada à má alimentação e fatores como falta de sono regular. No entanto, existem métodos eficientes de aumentar a produção de serotonina em nosso organismo, seja através de medicação direcionada por um médico especializado ou por uma dieta dedicada que contenham alimentos como banana, abacaxi, leite e derivados, vinho tinto, carnes magras e cereais integrais. Outro meio de produção da substância se dá através da prática de exercícios físicos regulares, quando o cérebro libera uma série de substâncias que lhe dão prazer, tais como a serotonina e a endorfina. Estes componentes dão uma sensação de alívio e prazer após o início do exercício (em média de 20 a 25 minutos).

Sonolento ou não, após o almoço sempre tendemos a voltar com baixa produtividade, dado que demos uma longa pausa (em média uma hora) e retomar a concentração requer um tempo. O que fazer então até a produtividade voltar? Essa é a hora perfeita para conferir e responder e-mails novamente, verificar alguma pendência menor no dia e também dar uma lida nos jornais em busca de algum fato novo que possa ter ocorrido nas primeiras horas da manhã. Aproveito também este momento para verificar a minha lista de pendências e tarefas que iniciei na primeira hora da rotina e vejo o que já conclui, o quanto concluí de cada tarefa e ainda o que resta ser feito.

Tarde

Depois da lentidão da volta do almoço que ameaça a produtividade de todos nós, chega o segundo tempo do jogo, a parte da tarde. É nesse período que eu geralmente tenho um gás a mais e recubro toda a produtividade da manhã, além de ter um ganho extra, então eu tento aproveitar a animação para finalizar o máximo de tarefas que eu puder (respeitando sempre a regra de focar em uma única tarefa por vez), além de aproveitar para iniciar algumas tarefas que eu possa concluir no próximo dia.

Já próximo do final do dia de trabalho, normalmente às 18 horas para a maioria das pessoas, o ritmo tende naturalmente a cair, quando nossa produtividade sofre uma redução natural, dado o acúmulo de cansaço e estresse ao longo de todo o dia. Faltando aproximadamente 10 ou 15 minutos para o fim do expediente, vale sempre aproveitar para dar uma olhada nas notícias novamente ou para conferir se todas as tarefas do dia foram cumpridas e ainda montar uma lista de atividades que devem ser realizadas no próximo dia.

Noite

O período da noite é diferente para muitos de nós. Isso porque cada um possui uma rotina diferente conforme alguma das atividades a seguir:

- Faculdade/pós-graduação.

- Academia, luta, dança ou algum outro esporte.

- Fazer algum curso extracurricular (Excel, inglês, espanhol).

- Cuidar da casa (tarefas domésticas) ou dos filhos.

Esses são alguns exemplos de tarefas que a maioria das pessoas desenvolve no período da noite (muitas vezes até todas elas), porém existe ainda uma infinidade de atividades que as pessoas podem desenvolver ao final de sua noite (ou até aqueles que simplesmente aproveitam o final do dia para poder descansar e relaxar). Independente da atividade que você desenvolva, o período noturno possui aquele sentimento de "restinho de dia", porém aqui ainda existem algumas boas horas que devem ser utilizadas para o desenvolvimento das suas tarefas, muitas delas relacionadas aos seus projetos pessoais e acadêmicos, quando é possível aproveitar o tempo disponível para cursos, leituras, estudos etc. Esse era o tempo médio que eu tinha disponível à época que se passa a história deste livro. Saindo às 18h do expediente de trabalho, eu costumava perder cerca de mais uma hora até chegar em casa, mas apenas para trocar de roupa e pegar meu material esportivo. Entusiasta à esportista amador, eu praticava (e ainda pratico) duas vezes por semana a arte do Muay Thai, uma espécie de boxe mais chutes (kickboxing), terças e quintas, além de praticar corrida e musculação nos outros dias da semana. Após a prática diária de exercícios, volto para minha casa para meu segundo emprego: cozinhar, lavar e passar, posto que moro com minha noiva e, como uma grande parte dos brasileiros, precisa cumprir algumas funções básicas do dia a dia a fim de manter seu lar em ordem.

Após o jantar, já próximo das 9h, dava-se início à execução das metas que estipulei anteriormente: i. administrar os blogs, ii. realizar pesquisas para meu TCC, iii. estudar para o mestrado e iv. escrever o livro Previdência sem Segredos. Tais tarefas eram feitas coordenadamente e em dias alternados, como é especificado mais à frente, e estas eram combinadas de tal forma que eu pudesse sempre avançar simultaneamente em duas ou em várias delas. Próximo da meia-noite, atividades pausadas, hora de descansar a cabeça que trabalhou o dia inteiro. Assistir algum programa junto de minha noiva ou ainda realizar alguma leitura são ótimas atividades para desacelerar o ritmo de um dia ocupado. Pouco depois, luz apagada e olhos fechados à espera do próximo dia.

3°) Classifique suas atividades

Diariamente somos bombardeados de informações, requisições, tarefas e pendências para resolver, as quais todas parecem ser, simultaneamente, urgentes e com prazo de entrega "para ontem". Esse tipo de problema ocorre principalmente quando deixamos terceiros realizarem a classificação do que é prioritário em nossa agenda, afinal cada pessoa que lhe solicitar uma nova tarefa vai afirmar com toda a certeza que esta nova pendência é de suma importância e deve ser posto na frente dos demais assuntos.

Dessa forma, a melhor maneira de não gerar uma lista de atividades conflitantes que, em teoria, possuem todas as mesmas prioridades e graus de urgência, é a elaboração de uma lista na qual cabe a nós realizar a classificação do que deve ser atacado primeiro e o que deve ser posto de lado à priori e, assim que as demais tarefas forem sendo concluídas, retornarmos as demais de menor importância.

Só que agora pode ter ficado a dúvida... "o que é e o que não é prioridade?".

Como bem sabemos, deixar os demais apontarem o que é prioridade em nossa agenda simplesmente não funciona, então nós mesmos temos de aprender a classificar tais atividades. No entanto, sabemos que, infelizmente, muitos de nós possuímos uma rotina dentro de um emprego no qual emergências podem ocorrer, ou ainda podemos ter um gestor que é tão ou às vezes até mais atrapalhado do que nós, o que torna nosso cronograma uma grande bagunça. Se esse é o seu caso e seu gestor é um daqueles chefes que estão sempre pedindo coisas a todo instante, cabe a você se posicionar de forma incisiva perante ele e saber negociar qual a ordem das tarefas que devem ser cumpridas primeiro, lembrando sempre de ser cordial e educado (afinal ele é seu chefe).

É bastante comum presenciarmos situações como:

- **Chefe** - "Preciso desta tarefa para amanhã antes do almoço!".

Porém, pouco comum presenciarmos esta:

- **Funcionário** - "OK, porém, qual das atividades atuais eu devo deixar de lado para dar prioridade a esta nova que o(a) senhor(a) solicitou?".

Sim, sabemos que existem maus chefes e que estes nem sempre são compreensivos ou até conhecedores das tarefas que seus funcionários desenvolvem. Chefes mandões são um problema para a maioria de nós, porém precisamos deixar claro que não estamos negando um pedido dele, mas sim indicando que, caso a nova tarefa precise se tornar uma prioridade, outras antigas devem ser postas em segundo plano. Não tenha medo de confrontá-lo. Afinal, caso você simplesmente saía por aí aceitando tarefas, logo mais estará com um número de atividades a desempenhar muito aquém daquelas que você consegue desenvolver no tempo certo e com a qualidade necessária.

Já que cabe a você a responsabilidade de montar sua própria agenda e cronograma, que tal aprender da melhor forma como distribuir notas a elas? Existe um método muito simples de classificação de tarefas que divide nossas atividades por prioridade, urgência e também facilidade de execução. Mas antes de explicar como é a aplicação deste método, gostaria de saber se você conhece a Matriz BCG. A BCG é a uma ferramenta administrativa que auxilia empresas a determinarem que tipos de produtos são lucrativos e vendem bem, devendo estes permanecerem no portfólio da empresa, e quais produtos já não trazem mais benefícios à companhia, devendo estes ser descontinuados, mais ou menos o que deveríamos fazer com as nossas tarefas diárias. Ela funciona assim:

> O ciclo de vida de um produto é o "tempo de vida" médio que este possui desde o seu lançamento até o momento em que os consumidores perdem interesse por ele. Quase todo produto passa pelas seguintes fases:
>
> a. **Lançamento**: o primeiro contato com os clientes é o momento inicial da vida de um produto. Nessa fase, tanto a produção como as vendas apresentam um volume reduzido.
>
> b. **Ascensão**: o produto começa a ser reconhecido no mercado e, consequentemente, a ser consumido. Nesta fase, é

quando a empresa normalmente produz e vende em maiores quantidades.

c. **Maturidade**: estando já estabelecido e reconhecido no mercado, a empresa deixa de receber grandes volumes de compra pelo produto, que agora passa a sofrer concorrência com produtos melhores ou atualizados.

d. **Declínio**: na última fase, o produto deixa de ser consumido e suas vendas e produção declinam cada vez mais, até o momento que ele deixa de ser fabricado.

No entanto, determinar em que fase o produto está é difícil para a maioria das empresas que, muitas vezes, não possuem um planejamento estratégico que acompanhe seu portfólio de produtos da data de seu lançamento até a sua "morte". A matriz BCG então auxilia os administradores no controle de suas carteiras classificando os seus produtos de acordo com um quadrante. Para iniciar sua análise, a empresa deve conhecer o mercado em que atua para poder verificar em qual parte seu produto melhor se encaixa, devendo saber:

e. **Participação em relação ao mercado**: "Qual a participação da minha empresa no total do mercado que atuo?", "Meu produto é representativo frente os meus concorrentes?", "Eu estou entre os TOP 3 de vendas desse determinado produto?".

Minha resposta nesta questão deve ficar entre: 1º) Possuo uma participação <u>ALTA</u> no segmento que atuo ou 2º) Possuo uma participação <u>BAIXA</u> no segmento que atuo.

f. **Crescimento do mercado**: "O mercado em que eu atuo possui um bom histórico de crescimento nos últimos anos?", "Ou será que o mercado já está na fase de maturidade e possui pouco espaço para uma expansão?".

Minha resposta nesta questão deve ficar entre: 1º) O mercado possui uma perspectiva de crescimento **ALTA** para os próximos anos ou 2º) O mercado possui uma perspectiva de crescimento **BAIXA** para os próximos anos.

Com as respostas dadas meu produto pode ficar em um dos seguintes quadrantes:

1º Quadrante (Estrela): dentre todos os quadrantes, a estrela é o melhor dos mundos, uma vez que combina um produto com grande participação em um mercado em expansão. Infelizmente, com o passar do tempo, todos os mercados vão perdendo sua força e alcançando a fase de maturidade em seus ciclos de vida do produto, consequentemente fazendo que o seu produto se torne uma "vaca leiteira" (3º quadrante), o qual alia uma grande participação de mercado, porém com baixo nível de crescimento.

2º Quadrante (Interrogação): produtos "interrogação" podem ser encarados tanto como uma coisa boa, como uma coisa ruim. Apesar deste tipo de produto possuir uma participação baixa no market share do mercado, por estar alocado em um segmento com alto potencial de crescimento pode trazer grandes retornos financeiros para a empresa, entretanto, para que se torne um produto "estrela", são necessários elevados investimentos em marketing (o que não necessariamente transformará seu produto em um campeão de vendas).

Caso a empresa ganhe relevância e se torne uma das principais marcas do mercado, ela pode se tornar uma estrela, porém, também pode se tornar um "abacaxi" (4º quadrante) caso não alcance um bom market share e o mercado comece a entrar na fase de maturidade, aliando uma pequena participação com um mercado sem perspectivas de crescimento.

3º Quadrante (Vaca Leiteira): sendo considerado por muitos a melhor posição para se estar, um produto "vaca leiteira" alia uma representatividade de participação no mercado, porém em um segmento sem grandes taxas de crescimento. Apesar de não haver grandes expectativas de crescimento, um mercado consolidado pode representar muitas vezes um fluxo constante de vendas sem a necessidade de grandes investimentos em marketing, o que significa maior rentabilidade, quando há baixos custos com um preço de vendas razoável.

4º Quadrante (Abacaxi): chegamos ao local no qual nenhuma empresa deveria estar. Produtos "abacaxis" são aqueles em que a empresa possui uma pequena participação nas vendas do setor e encontra-se em um setor sem grandes projeções de crescimento. Produtos neste quadrante também são conhecidos como "animal de estimação", uma vez que muitas empresas se apegam ao seu portfólio de produtos e, mesmo com prejuízos, não de desfazem deles e continuam sua produção. Na maioria dos casos, empresas com vários produtos "abacaxis" terminam fechando suas portas, devido à insistência em produtos que só trazem prejuízos.

Participação em relação ao mercado	
ALTA	BAIXA

| | | ALTA | ★ | ? |
| Crescimento do mercado | | BAIXA | (vaca) | (abacaxi) |

Pois bem, agora que você entendeu o conceito da Matriz BCG, podemos aplicá-la exatamente na nossa análise, porém levando em conta que nossos "produtos" são, na verdade, as tarefas que temos que desenvolver ao longo do nosso dia e cada um deles vai possuir um sentido na nossa matriz. Cada uma de nossas tarefas devem ser "pesadas" e classificadas de acordo com alguns critérios que darão a nós um direcionamento do que fazer primeiro, quando fazer, como fazer e ainda para quem fazer.

Para isso, criei um sistema próprio de classificação de atividades que nos permite encaixar nossas tarefas dentro também de quatro quadrantes (explicados à frente) que são os mesmos da BCG, sendo as tarefas Estrelas, Exclamação, Vaca Leiteira e Abacaxi. Mas antes de aprender como são estes quadrantes, temos que entender quais as notas e critérios dados a cada nova tarefa. São eles:

Urgência

Tal qual seu nome indica, as tarefas que são classificadas como urgentes são aquelas que devem ser realizadas no menor período de tempo possível, porém, o tom de urgência deve vir de terceiros, ou seja, seus colegas de trabalho, seu gestor ou subordinado, outros setores etc.

Urgência é o grau de rapidez de execução que os outros dão como nota para suas atividades, levando em conta que quase sempre tais tarefas serão consideradas "urgentes" pelos demais, uma vez que todos desejam que suas solicitações sejam postas na frente das demais. Faz-se então a necessidade de aliar a avaliação de urgência de uma atividade (classificada por terceiros) com a sua própria avaliação de prioridade (onde temos o próximo item).

Prioridade

Diferente da urgência, termo dado por terceiros à necessidade de execução de suas atividades, as prioridades são as notas que você mesmo atribui para suas atividades, uma vez que você possui uma visão mais ampla do que é importante ou não dentro da sua rotina de tarefas. Enquanto os outros acham que você tem que cumprir o que lhe foi pedido, você conhece sua agenda de atividades como ninguém e, portanto, pode alocar mais adequadamente em sua rotina quanto tempo deve ser empregado em cada solicitação, bem como quando e como estas devem ser desenvolvidas.

Facilidade de execução

Facilidade de execução pode ser dividida em dois tópicos. O primeiro abrange aquelas atividades que qualquer pessoa de fato pode realizar e, portanto são de fácil resolução. O segundo é composto por aquelas atividades que exigem um grau mais elevado de conhecimento e entendimento de determinadas habilidades, os quais você possui e tem domínio técnico suficiente para completar a tarefa rapidamente ou sem grandes esforços.

Quanto maior seu domínio sobre a atividade, menor tempo em teoria será aplicado nesta tarefa e, portanto, maior prioridade deve ser dada à ela para que sua lista de afazeres esteja sempre reduzida e não seja impactada (pelo grande número de tarefas) em virtude de problemas que você pode tirar da frente com rapidez.

Prestígio

Quando falamos de prestígio, estamos falando do reconhecimento que receberemos pelos demais membros de nossa equipe ou pelo gestor por ter desenvolvido e completado determinada tarefa. Tal prestígio pode ser classificado em dois grandes grupos:

1º) **Quando esperam que você faça algo**: sempre que lhe é designada uma tarefa, quem a solicitou espera que você a finalize no prazo acordado e ainda se comprometa com a qualidade desta. O prestígio alcançado em atividades que já são de sua responsabilidade é positivo, porém potencialmente menor que o prestígio surpreendente.

2º) Quando você faz sem ninguém pedir: quando você surpreende alguém (equipe/chefe) pela resolução de uma tarefa que não cabia a você ou que era de responsabilidade de outra pessoa, você recebe o prestígio surpreendente, conhecido também como **proatividade**.

Classificando tarefas dentro da matriz

Conforme dito, a cada nova tarefa que recebemos ou que criamos para nós, devemos realizar sempre uma avaliação para saber que tipo de atividade ela é, com qual rapidez devemos completá-la ou ainda em que tipo de quadrante da Matriz das Prioridades nós devemos alocá-la. Sendo assim, posto que sabemos quais as quatro notas que nossas tarefas receberão, devemos enquadrá-la da seguinte maneira, dando-lhe as notas conforme:

Preenche-se qual a atividade que está sendo classificada e abaixo damos uma nota que varia de 1 a 3 pontos, respectivamente, sendo esta nota dada de acordo com os seus respectivos graus:

- **Urgência:** pouca urgência, média urgência, alta urgência.
- **Prioridade**: pouca prioridade, média prioridade, alta prioridade.
- **Execução:** pouca facilidade (de execução), média facilidade, alta facilidade.
- **Prestígio:** pouco prestígio, médio prestígio, baixo prestígio.

Após a ponderação das notas na atividade, apura-se sua nota final e classifica-se cada uma delas em ordem de maior para menor nota, enquadrando estas notas de acordo com suas respectivas características dentro da nossa **Matriz das Prioridades** que são explicadas à frente. Vejamos:

ATIVIDADE	RELATÓRIO DE VENDAS DE OUT/17			
CRITÉRIO:	POUCO	MÉDIO	MUITO	NOTA:
Urgência		x		2
Prioridade	x			1
Execução			x	3
Prestígio		x		2
			Nota final:	8

1º Quadrante (Estrela): As tarefas Estrelas são aquelas que unem os quatro pontos citados acima como aqueles que dão peso às atividades. Dessa forma, uma tarefa Estrela é aquela que está no estado mais crítico de urgência (precisa ser entregue imediatamente), facilidade de execução (exige pouco esforço para ser realizado), é uma prioridade sua (você entende que deve completá-la) e ainda lhe trará muito prestígio no trabalho (seu chefe ou equipe esperam que você a complete).

Dentre as demais tarefas, as Estrelas são mais raras de se encontrar e, por isso mesmo, se enquadram no primeiro quadrante de atividades, dado o tamanho da recompensa que ela lhe proporcionará caso entregue dentro dos parâmetros estabelecidos e dos prazos solicitados. Este tipo de tarefa deve ser sempre resolvido à frente das demais e, caso surja ao longo do dia, torna-se imediatamente seu novo objetivo principal.

Neste quadrante encontram-se as tarefas com maior pontuação.

2º Quadrante (Exclamação): ao contrário da Matriz BCG em que o segundo quadrante é uma interrogação, na matriz das prioridades utilizamos a exclamação para sinalizar que determinada tarefa alocada neste quadrante possui dois dos quatro pontos possíveis, sendo que em sua grande maioria estes pontos são: 1º) urgência (algum colega de trabalho e/ou gestor apontou que ela deve ser concluída rapidamente) e 2º) facilidade de execução (você possui conhecimento técnico suficiente para tirar rapidamente esse problema da frente).

No entanto, não é comum as tarefas alocadas no segundo quadrante possuírem as seguintes combinações de pontos:

- Urgência + Prestígio
- Urgência + Prioridade
- Prioridade + Execução

Neste quadrante encontram-se as tarefas com segunda maior pontuação.

3º Quadrante (Vaca Leiteira): as tarefas "vacas leiteiras" são aquelas que vivem indo e voltando ao nosso dia a dia, tal como quando uma vaca fica ruminando o dia inteiro seu alimento. Tarefas desse tipo são geralmente tarjadas como "problemas" e não são consideradas urgentes pelas demais pessoas da sua equipe, uma vez que todos sabem que aquele empecilho está sempre indo e voltando.

Este tipo de tarefa é também normalmente tratada como de pouco prestígio. Afinal, problemas recorrentes trazem pouca visibilidade àqueles que os resolvem, dado que eles sempre voltam e estão lá. As tarefas alocadas neste quadrante devem sempre ficar em prioridade média para baixa na sua lista de atividades, posto que elas podem tomar muito tempo precioso e ocupar o lugar de incumbências mais importantes.

Neste quadrante encontram-se as tarefas com segunda pior pontuação.

4º Quadrante (Abacaxi): as tarefas abacaxi são exatamente aquelas ao que o termo "abacaxi" se refere em nosso vocabulário popular: grandes problemas. Estes tipos de atividades são quase sempre consideradas de pouquíssima (ou nenhuma) urgência pelos demais, de pouca prioridade por você, de alta complexidade de execução ou resolução, porém de grande poder de prestígio.

Já ouvi diversas pessoas comentarem o mesmo tipo de ditado para as atividades abacaxi, onde elas dizem "Já que um problema não tem solução, por que eu irei me preocupar com ele?". Posta de lado por todos, as tarefas abacaxis são aquele tipo de problema em que ninguém quer ser responsabilizado ou dado a tarefa de conclusão, uma vez que muitos provavelmente já tentaram solucionar, mas ninguém de fato conseguiu. Daí seu alto poder de prestígio, quando alguém finalmente encerra um problema que se arrastou por longos anos como vaca leiteira até se tornar um abacaxi.

Na sua lista de prioridades, anote os abacaxis como metas a concluir, porém só lhe empregue algum esforço quando todas as demais tarefas que possuem maior peso em suas prioridades forem de fato concluídas e você perceber que possui tempo disponível para executá-las.

Neste quadrante encontram-se as tarefas com pior pontuação.

OBS: A matriz de produtividade pode ser tanto utilizada no seu dia a dia dentro do seu trabalho, mas também em objetivos pessoais, quando você mesmo dará a urgência e prioridade para cada uma das suas tarefas como aquelas que são Estrela (iniciar um planejamento financeiro), Exclamação (ir ao mercado repor as compras da semana), Vaca Leiteira (limpar a casa) ou Abacaxi (finalmente arrumar o "quartinho" da bagunça).

Agora é possível que você classifique diferentes atividades e tarefas a serem realizadas dentro de cada quadrante da produtividade. Nele será possível alocar melhor a disposição de cada uma delas de acordo com sua necessidade, prioridade e também facilidade de execução. Então agora que eu sei o que deve ser feito antes do que, como eu determino quando fazer cada uma destas atividades? Será que vale a pena eu começar uma tarefa Estrela no primeiro horário da manhã justo na hora que sou menos produtivo? Se eu tentar resolver o maior e mais urgente dos meus problemas em uma hora ruim do dia para mim será que eu alcançarei o objetivo determinado? O momento em que eu vou desenvolver e executar cada uma das minhas tarefas é impactado pelo horário que eu estou mais e menos

MONTANDO UM MAPA DE PRODUTIVIDADE 105

produtivo? Vamos responder e entender no quarto passo como nossa produtividade pode ser impactada pelo fator tempo.

4°) Anote em que porções você se considera mais e menos produtivo

Tarefas mapeadas? Classificação do que é prioridade em mãos? Já sabe o que fazer com cada uma das suas tarefas? Perfeito! Agora é a hora de iniciarmos a nossa análise de disposição e energia a fim de verificarmos se estamos alocando cada uma das nossas atividades mais e menos importantes nas horas do dia em que possuímos maior energia.

Imagine descobrir que você é uma pessoa altamente produtiva pela manhã, mas utiliza este período para ler e responder e-mails, tarefa esta que você pode alocar em algum momento em que bate aquele cansaço e você precisa esfriar um pouco a cabeça. Trata-se não só um de desperdício de energia à toa, mas também de tempo. Afinal, aquelas tarefas que seriam rapidamente resolvidas em momentos de alta produtividade estão sendo aplicadas e desenvolvidas em horários que você apresenta maior lentidão ou menor disposição para se concentrar em suas tarefas. A regra para conferir se você tem sido mais ou menos produtivo é muito simples e pode ser verificada através de um jogo bem simples, tal como um jogo de cartelas de bingo e que pode ser desenvolvido facilmente em qualquer planilha de Excel ou folha de caderno. A tabela abaixo criada por mim para me ajudar a entender em que momentos eu sou mais produtivo pode ser desenvolvida da seguinte forma:

Bingo da produtividade

O Bingo da Produtividade é uma fascinante ferramenta que serve para medirmos aquilo que achamos que somos produtivos versus o quanto somos produtivos de verdade. Imagine que você pensa ser produtivo logo pela manhã, mas acontecem tantas interrupções por parte de seus colegas de trabalho ou de algum familiar (no caso de home office) que na verdade essa é a hora menos produtiva do seu dia, justo quando você tentava resolver suas tarefas Estrela ou Exclamação. Para descobrirmos se estamos distribuindo nossas tarefas nos horários corretos, nada melhor do que realizar um teste prático, a famosa prova real.

A construção do bingo é então feita em forma de colunas onde adicionamos na horizontal os itens que correspondam a coisas que ocorram no nosso dia a dia. Estes itens podem ser tanto do tipo positivo como negativo e englobar a sua rotina profissional, pessoal e, por que não, ambas as rotinas em apenas uma planilha. Para simplificação e mais fácil entendimento, vou demonstrar como seria a planilha de um trabalhador comum, com um horário de trabalho padrão (09:00 – 18:00). Você pode montar a sua própria planilha juntando os objetivos profissionais, pessoais ou também acadêmicos, mas lembre-se de já classificar determinada ação entre positiva (verde) e negativa (vermelho) para ficar visualmente mais fácil o seu entendimento.

No nosso exemplo de planilha, vamos simplificar as tarefas positivas e focar no âmbito profissional, imaginando um funcionário que trabalha na confecção de relatórios financeiros e que diariamente precisa levantar dados, compilá-los e apontar um resultado para eles. Já pelo lado negativo, vamos adicionar coisas que são comuns ao dia a dia de todos nós, como conversar com colegas, dar uma pausa para um cafezinho, ir ao banheiro ou dar aquela conferida básica nas nossas redes sociais pelo nosso celular. No entanto, existem diversos outros itens que podemos alocar em nossa linha horizontal, lembrando sempre de classificar entre coisas positivas e negativas.

Profissional:

- "Pesquei" (dormi) na mesa (negativa).

- Iniciei uma tarefa (positivo).

- Terminei uma tarefa (positivo).

- Tive que beber café (negativa).

- Fui ao banheiro mais de uma vez (negativa).

- Fiz uma pausa para comer um lanche (negativa).

- Resolvi um problema pequeno (positivo).

- Conversei com amigos (negativa).

- Chegaram muitos e-mails (negativa).

- Alguém me interrompeu (negativa).

- Deleguei algo menos importante a alguém (positivo).

- O telefone tocou (negativa).

- Meus colegas de trabalho deram pausas (negativa).

- Outras pausas

Já na linha vertical, anotamos os horários que começamos e terminamos cada tarefa dividindo nosso tempo disponível em pequenas porções iguais. Como estamos falando de horas dentro de um dia de trabalho, eu recomendo utilizar a quebra de trinta minutos para cada linha na vertical, sendo esta uma divisão razoável quando pensamos em um expediente de dez horas diárias em média. Se quebrarmos em porções de tempo muito menores, como cinco ou dez minutos, corremos o risco de perder mais tempo anotando e pontuando nossa planilha do que realizando as tarefas em si, já se colocamos medidas muito grandes como uma hora completa, perdemos a sensibilidade de tudo que foi feito dentro destes sessenta minutos. Sendo assim, meia hora parece ser uma quebra ideal para que você possa de fato realizar suas tarefas ao longo do dia, mas também possa realizar pequenas pausas para anotar seu progresso na tabela (mais para o final do livro você entenderá que os trinta minutos foram racionalmente escolhidos em acordo com a Técnica de Pomodoro [ver capítulo 11.3]). Então, depois de listar nossas tarefas e distrações, além de dividir nosso tempo em pequenas porções, chegou a hora de finalmente começar a pontuar as coisas boas e ruins que praticamos ao longo do dia.

A regra é simples. Se eu fiz a tarefa em verde dentro daqueles trinta minutos, eu marco um **X** no quadrado logo abaixo da tarefa. Já se eu acabei me distraindo e perdendo tempo com algum dos itens em vermelho, marco também um **X** no respectivo quadrante. Para cada atividade positiva (em verde) que eu realizar dentro dos trinta minutos estipulados, eu somo 3 pontos e negativos (em vermelho) eu subtraio -1.

MONTANDO UM MAPA DE PRODUTIVIDADE

BINGO DA PRODUTIVIDADE

HORA	Iniciei um relatório	Finalizei um relatório	Adiantei um relatório.	Conversei com um colega	Olhei o celular	Tive de beber café	Alguém me interrompeu	Pesquei na mesa	Fui ao banheiro	Chegaram muitos e-mails	PONTOS
08:00	X			X			X		X	X	-1
08:30	X	X		X		X					4
09:00		X			X	X	X				0
09:30	X	X									6
10:00	X		X						X		5
10:30			X								3
11:00		X					X			X	1
11:30	X		X	X			X				4
12:00											Almoço
12:30											Almoço
13:00			X	X				X			1
13:30		X	X			X		X	X		0
14:00		X								X	2
14:30	X			X			X				1
15:00		X		X					X		2
15:30				X							1
16:00	X			X	X	X	X				-3
16:30										X	-3
17:00				X		X	X	X	X		-4
17:30				X	X	X	X	X			-5
18:00				X		X	X				-3

Ao final do seu dia, quanto mais pontos negativos houver dentro de uma hora, menos produtiva essa hora deve ser considerada e quantos mais pontos positivos melhor. Como pode ser visto no nosso exemplo, esse funcionário possui maior disposição e concentração para realizar suas atividades no começo da manhã (próximo das 10:00) e consegue manter esse ritmo até próximo do horário do almoço (12:00 – 13:00). Mesmo depois de se alimentar, há ainda alguma sobra de energia onde a rotina permanece em campo positivo, porém, após as 16:00 o funcionário entra em um estado de pouquíssimo foco e produtividade, com diversos pontos negativos impactando o seu final de tarde. Com essa cartela, você conseguirá facilmente mapear quais são as horas mais e menos produtivas, não só para uso pessoal (observando os momentos que "pescou" ou jogou conversa fora), mas também para a sua área e para a sua empresa. De nada adianta você estar super focado em determinado horário se todo o seu setor tira esse mesmo momento para bater um papo ou ir à copa beber um café. Das duas uma, ou você terá de se isolar dos demais nesses momentos para não perder o foco ou terá que seguir o fluxo e entender que quando seus colegas dão pausas não é uma boa hora. Além disso, a cartela permite que você identifique os horários nos quais as tarefas importantes estavam sendo dispostas e você não entendia o porquê de estar sempre atrasado em sua conclusão ou na entrega delas. Esse bingo é feito, então, para o mapeamento do seu dia inteiro e pode trazer luz ao entendimento de sua rotina e em como você a está desenvolvendo.

5º) Teste e valide se ao longo da semana as porções estão corretas

O "Bingo da Produtividade" é perfeito para que você entenda como funciona não só a sua rotina, mas também a rotina daqueles que convivem com você. Afinal, como diz a música de Tom Jobim, é impossível ser feliz sozinho e "remar contra a maré" de ritmo das pessoas que o circundam só vai lhe roubar seus preciosos minutos de produtividade. Mas se tem uma coisa que aprendemos sobre a ciência é que para comprovarmos uma ideia ou teoria, ela precisa ser testada não apenas uma vez, mas sim uma infinidade de vezes, e de preferência, de diferentes formas, para que cheguemos a uma conclusão mais fiel e precisa da realidade. Sendo assim, é importante que você refaça o "Bingo da Produtividade" mais de uma vez e em dias aleatórios ao longo de algumas semanas para verificar se os pontos estão sendo distribuídos de forma correta ao longo do seu dia. Medir através do bingo como é sua rotina por apenas poucos dias pode lhe dar um resultado pouco conclusivo, especialmente quando todos nós temos dias atípicos dentro de uma semana ou até em um mês, Por isso a repetição vai trazer maior certeza no momento de apurar quais realmente são os horários mais e menos produtivos, sendo somente assim possível aplicar a metodologia de distribuição de tarefas nos horários que mais convém.

Mas aí pode ter ficado a dúvida. Como se dá a distribuição de tarefas importantes versus horários apropriados?

6º) Classifique suas atividades por ordem de importância/relevância

Se você foi capaz de mapear como é o seu dia e também preencheu corretamente o seu "Bingo da Produtividade", você possui em mãos um valioso material para otimizar as suas rotinas diárias. O próximo passo então é fazer um confronto entre as duas tabelas que você criou e verificar quais as tarefas mais importantes do seu dia e quais os horários que sua produtividade e atenção estão no pico. Funciona assim: as atividades com uma nota alta de importância/urgência devem ser alocadas no momento com mais produtividade possível. Uma vez que elas demandam ser resolvidas de forma rápida, enquanto que as tarefas de menor importância/urgência podem ser alocadas em momentos menos produtivos, dado que elas impactam pouco o nosso dia e nos fazem avançar pouco em nossas metas. Os quadros confrontados acima mostram então que a distribuição de Produtividade x Tarefas facilita a resolução dos problemas que são prioritários enquanto nos permite avançar nas demais tarefas que não necessitam tanto de nossa atenção e/ou que podem ser resolvidas em prazos mais extensos.

Voltando à minha história, e utilizando o conhecimento acima, durante a minha rotina dentro do horário comercial (09h – 18h) eu já estava 100% ocupado com as tarefas da minha função dentro da empresa e pouco podia fazer para tentar adiantar meu TCC, estudar para o mestrado ou ainda mexer nos sites, certo? ERRADO! O lado positivo de se ter um mapa da produtividade à seu dispor é que você pode utilizar pequenas pausas dentro de horários mega improdutivos na sua rotina de trabalho para ocupar esse tempo com ou-

MONTANDO UM MAPA DE PRODUTIVIDADE

tras tarefas, mesmo que pessoais. O que a maioria das pessoas faz então quando bate aquela preguiça na volta do almoço ou no final da tarde, quando nossa cabeça já não está apta a resolver mais problemas? Vamos ser sinceros, em plenos tempos modernos todo mundo se volta ao seu *smartphone* e perde alguns bons minutos deslizando o dedo na tela em busca de algo interessante dentro das redes sociais ou ainda lendo e respondendo aquelas mensagens de algum grupo que não para de conversar. É natural e nenhum pecado que nós tenhamos momentos de improdutividade, mas já que temos consciência agora de quais são estes momentos ao longo do dia, graças ao mapa da produtividade, por que não preencher estes momentos com tarefas que nos tomam pouca atenção e podem ser complementares para resolver seus demais objetivos gerais, acadêmicos, financeiros e etc. Sua meta era aprender um novo idioma? Que tal utilizar dez ou quinze minutos de pausa para aprender algum vocabulário novo através dos apps de aprendizagem (Buzzu, Duolingo, Upmind)? E no caso de uma viagem, que tal pesquisar nesse tempo parado bons hotéis ou atrações turísticas para visitar? O tempo é um importante commodity que não deve ser desperdiçada, sendo assim, toda e qualquer pausa improdutiva pode se tornar produtiva!

No meu caso, eu havia determinado três grandes metas principais que envolviam alguma urgência, sendo elas 1) a conclusão do TCC (possuía a data de entrega mais próxima), 2) a escrita do livro Previdência sem Segredos (possuía o tamanho da atividade com maior tempo de execução e, por fim, 3) a manutenção dos sites do Grupo sem Segredos (possuía a necessidade constante de atenção). Então uma delas precisava ser entregue logo, outra possuía maior tempo para finalização, mas era bem volumosa (próximo de 120 páginas brutas no Word) e a outra deveria ser constantemente revista. Dessa forma as minhas principais atividades foram revistas da seguinte forma:

Tarefa Exclamação (segundo quadrante): A tarefa do TCC envolvia não só um senso de urgência dado que havia uma data pré-determinada para a entrega final do trabalho, como também possuía as características de prioridade quando eu tinha pouco mais de quatro meses para completar o trabalho. Como dito, na quadrante exclamação estão as atividades em segunda ordem de execução, ou seja, são as tarefas que devem ser feitas antes das demais (Vaca leiteira e Abacaxi) e ficam somente atrás das tarefas Estrela.

Tarefa Vaca Leiteira (terceiro quadrante): tal como uma vaca que rumina seu alimento devagar, eu poderia lentamente ir concluindo a meta de escrever um livro. Muito era o trabalho exigido (120 páginas), mas o tempo me favorecia igualmente. Contrato assinado em Março/2015, eu possuía um ano de prazo para a entrega do material final, ou seja, haveriam 365 dias para escrever 120 páginas. Mas a verdade é que eu não iria escrever todos os dias. Descontados alguns dos finais de semana (onde haviam merecidas pausas) e dando alguns dias de margem de erro, quando imprevistos poderiam e provavelmente aconteceriam, me impedindo naquele dia de conseguir escrever, eu estipulei ter em média dez meses para desenvolver o livro. Mas eu havia esquecido de uma coisa importantíssima... o intercâmbio!

MONTANDO UM MAPA DE PRODUTIVIDADE

Trinta dias destinados às demais metas (geral, profissional e pessoal) que seriam cumpridas em Londres me tiravam um mês inteiro da conta da produção do livro, me deixando com um número próximo de nove meses agora para a tarefa financeira, ou traduzindo em números menores, haveriam aproximadamente duzentos e setenta dias. Fazendo um cálculo básico, 120 páginas em 270 dias nos dão algo em torno de meia página por dia, uma boa média. E foi assim que a meta financeira, juntando uma prioridade média e um prestígio elevado, se tornou uma Vaca Leiteira, a segunda prioridade no ano narrado.

Tarefa Abacaxi (quarto quadrante): a manutenção dos sites do Grupo sem Segredos não era um abacaxi propriamente dito, no sentido figurado e pejorativo da palavra. No entanto, ela foi classificada no quarto e último quadrante de prioridade pelos seguintes motivos.

Ela é uma tarefa urgente? Não, afinal já haviam alguns meses de artigos escritos em estoque que poderiam ser utilizados caso eu falhasse em escrever novos artigos, me dando algumas boas semanas de margem. Ela era então uma tarefa de difícil execução? Novamente não, dado que os temas abordados nos sites quase sempre são de meu domínio e expertise, portanto, eu conseguia produzi-los com alguma facilidade. E sobre prestígio? Os sites traziam algum? Dessa vez a resposta é sim e não. Sim, pois era uma realização pessoal minha e que sempre me deixava muito feliz quando alguém me reconhecia ou indicava pelo meu trabalho nos sites, porém simultaneamente não, pois já era esperado que os artigos fossem escritos regularmente, então a surpresa maior seria se não houvessem artigos. Dessa forma a manutenção do site tinha sim a sua urgência, porém em menor grau das demais, se tornando ela uma tarefa Abacaxi.

Dessa forma, nos momentos de pausa do trabalho e principalmente naquele tempo que sempre sobra do horário do almoço eu utilizava para administrar os sites. Atualizar as redes sociais com novos artigos, responder dúvidas, publicar algum artigo e revisar os artigos que meus colaboradores enviavam. Foi assim, utilizando toda e qualquer pausa, que eu consegui (e ainda consigo atualmente) fazer a gestão dos sites, sem prejudicar as tarefas do trabalho, as quais possuíam cada uma delas a sua própria prioridade e ainda deixar livre o horário na parte da noite para aquelas que eram de fato as tarefas prioritárias do meu ano dentro do planejamento.

Após o trabalho, chegando em casa e depois de já ter ido na academia e jantado, haviam três preciosas horas entre as 9 da noite até mais ou menos a meia-noite, ou um pouco a mais, para que eu pudesse avançar com as demais tarefas. É nessa parte do dia que a maioria de nós já não quer fazer muito mais coisa e, portanto, é ai que muitos perdem a oportunidade de conseguir avançar em suas metas. Sim, eu sei que já próximo da hora de dormir a cabeça já não é lá essas coisas, mas como diz aquele provérbio é "enquanto eles descansam que você trabalha e ultrapassa eles". Sair de uma jornada de trabalho pesada e ainda ter forças para desenvolver outros projetos pessoais exige uma verdadeira força de vontade que muitos podem não ter ou precisam praticar e desenvolvê-la, mas quando você consegue dar seu máximo e ir além dos seus limites, é ai que suas realizações passam de ser meras aspirações.

Pondo em prática a matriz das tarefas e respeitando sempre a sua ordem de prioridade, a escrita do TCC, como uma atividade Exclamação, ganhava destaque frente a produção do livro. Então a divisão do tempo das três horas ficou em dois terços para o TCC e um terço para o livro. Mas se você pensa que eu tive êxito em tudo que eu desenvolvi, saiba que todo mundo falha e eu também falhei, o que me levou a pensar no próximo passo.

7º) Revalidando metas e tarefas

Por mais que tenhamos as mais variadas ferramentas de ganho de produtividade e gestão do tempo à nossa disposição, não significa que depois de montarmos nosso mapa e escolhermos as metas corretas não podemos falhar. Pode ser frustrante e gerar uma grande decepção, mas é ai que está o aprendizado. Vamos falhar e muito ao longo de toda a nossa vida, seja pessoal, profissional, acadêmica etc., mas o importante é saber admitir o erro, fazer uma pausa e analisar onde e o que está frustrando os nossos planos.

O acompanhamento das suas tarefas deve ser então periódico, afinal, com o passar do tempo as atividades que outrora eram de pouca importância ou baixa urgência podem se tornar prioritárias agora e com isso você pode estar começando a se atrasar nelas. Dessa forma, deve-se criar uma rotina de conferência onde são reavaliados todos os projetos concluídos e os que estão em aberto a fim de se classificar seu andamento e expectativa média para sua conclusão. A regra para a reavaliação é a mesma de sempre, onde levamos em conta a complexidade do projeto, sua demanda e demais itens vistos anteriormente. Com a reavaliação em mãos, deve-se realizar uma nova rodada de distribuição de tarefas na rotina onde focaremos novamente nas prioridades e daremos menor importância aos projetos de menor urgência.

E foi exatamente o que aconteceu comigo. Nas primeiras semanas do ano tudo corria bem e os prazos estavam andando conforme o esperado e estavam sendo cumpridos. A proporção de duas horas para o TCC e uma para o livro seguiu bem até mais ou menos o meio de Abril. Foi ai que as coisas desandaram. Eu fui percebendo que conforme ia escrevendo o livro Previdência sem Segredos, no qual eu abordo a vasta bibliografia sobre o mundo das finanças pessoais e explico como um investidor pode e deve se planejar para os diferentes tipos de previdência, o material se tornava cada vez mais complexo e envolvia boas horas de pesquisas. Por outro lado, por mais urgente que estava a entrega do TCC, essa marcada para Junho, a sua conclusão se tornava mais próxima e faltavam cada vez menos páginas a serem escritas para finalizá-lo. Então aquela uma hora para o livro se tornou pouca e as duas horas para o TCC se tornaram muito. Daí a necessidade de revalidar meu mapa e redistribuir ambos os projetos em diferentes horários, dessa vez com maior tempo para o livro frente o TCC. O que era Exclamação se tornou Vaca Leiteira e vice-versa. Por isso é sempre valido também fazer uma revalidação do "Bingo da Produtividade" uma vez que não só nossa rotina muda, mas podem mudar também a de nossos colegas e gestores (e às vezes até de toda uma empresa). Como essas mudanças tendem a ser menos perceptíveis e ocorrerem em prazos não tão curtos, reavaliações trimestrais são mais do que suficientes para trazer sensibilidade ao seu sistema. Outra dica é nunca parar de fazer a validação do bingo, podendo ele ser feito uma vez por semana (em dias alternados para que o teste não fique viciado em uma rotina de

MONTANDO UM MAPA DE PRODUTIVIDADE

quarta-feira, por exemplo), aonde o usuário vai ajustando sua tabela de acordo com a mudança em tempo real da área.

Mas se você, assim como eu, encontrou ou encontra-se atualmente em grandes dificuldades de cumprir seus prazos posto que você simplesmente não consegue desenvolver suas atividades como gostaria, pode ser que esteja faltando aquela que é uma das ferramentas mais poderosas da gestão de tempo de toda pessoa bem-sucedida: uma rotina.

· CAPÍTULO 9 ·

Criando uma Rotina

Todo o conteúdo visto e aprendido até este momento converge a um ponto específico: a criação de uma rotina. Ao chegar até esta altura do livro eu espero que você já tenha percebido algumas situações e realizado algumas ações, dentre elas (e quase sempre nessa ordem):

1. Ter identificado que a sua vida é desorganizada e você possui pouco ou nenhum controle sobre os eventos que ocorrem no seu dia a dia.

2. Ter se animado com os relatos dos textos e as explicações das técnicas.

3. Ter experimentado ao menos uma delas durante algum tempo.

4. Ter falhado miseravelmente em uma ou mais técnicas.

5. Achar que esse papo de produtividade e controle de tempo é tudo uma grande balela.

Acredite, quase sempre que eu tento socorrer um amigo que está amontoado de tarefas e compromissos em excesso ele passa em todos os passos citados acima. Um atrás do outro. E isso serve para quase tudo.

Quando vemos algum amigo nosso ou colega de trabalho ganhando um dinheiro extra em algum hobbie ou "bico", vemos alguma amiga que perdeu bastante peso em poucas semanas, ou algum parente que está com uma ideia revolucionária para empreender, tendemos a nos entusiasmar e querer fazer o mesmo, não é verdade? No entanto, comentários e perguntas do tipo "Como você perdeu tanto peso? Está tomando algo" ou "você trocou de carro!!! Ganhou alguma bolada?" são bastante comuns e às vezes fazemos esses comentários maldosos ou até duvidamos da capacidade dos outros em alcançar seus objetivos por um único e exclusivo motivo: **nós duvidamos das nossas próprias capacidades**. Eu sei, é difícil mesmo acreditar que aquele nosso amigo ou amiga gordinhos mudaram seu modo de vida e alcançaram um biótipo mais saudável simplesmente através da reeducação alimentar e exercícios regrados. Somos levados a pensar sempre algo do tipo como "Como assim ele mudou da água para o vinho? Isso é impossível, aposto que ele encontrou algum atalho". Tendemos e queremos acreditar que houve um meio mais rápido e fácil, além de querermos ter sempre um "esqueminha" pra tudo. Porém, quando finalmente descobrimos a verdade nós chegamos a uma conclusão fatal e seguimos o roteiro citado lá em cima:

1. Descobrimos que temos também os mesmos problemas (eu quero!).

2. Vemos que os outros fizeram e nos animamos a fazer igual (eu posso!).

CRIANDO UMA ROTINA

3. Tentamos seguir e imitar os passos daqueles que alcançaram suas metas (eu vou!).

4. Vemos que é mais difícil do que parece e nossa carga de ânimo começa a se dissipar (será que só eu não consigo?).

5. Vamos abandonando o projeto e desistimos (e ainda reclamamos e desacreditamos quem conseguiu).

Mudando a mente antes de mudar o corpo:

O relato acima é mais comum do que parece e recebo diversos e-mails com pessoas contando suas histórias que começaram com muita disposição, mas terminaram em negação e protelação. O que deu (ou dá errado) afinal? Será algo genético e não temos contra o que lutar? Será parte de nossa índole ou da criação de nossos pais? O que de fato afeta a produtividade de uma pessoa e como ela pode contornar isso? Vamos descobrir!

> **Ciência em foco:** se buscarmos no dicionário o significado da palavra "preguiça" encontraremos, entre muitos significados, a definição de que esta é a falta de disposição para realizar atividades, lentidão em fazer qualquer coisa ou ainda negligência e falta de iniciativa. Mas afinal, será a preguiça algo inato ao ser humano e demais mamíferos ou a desenvolvemos e aprendemos ao longo de nossas vidas?

> Desde os tempos mais primórdios a preguiça remonta parte da civilização humana e pode ser encontrada em textos e documentos antigos. Uma das citações mais importantes sobre a preguiça se encontra em passagens na própria Bíblia, quando esta é vista com maus olhos pela sociedade,

sendo considerada até um pecado capital. Já sob os olhos da ciência e medicina, a preguiça pode ter diversas causas e em muitos casos ser considerado até doença. Pelo menos é como médicos e psicólogos classificam a preguiça em seus estudos.

Há casos em que uma pessoa pode partir de um estado simples de preguiça temporária e avançar até uma grave depressão que pode comprometer desde atividades físico--motoras, quando o paciente deixa de praticar atividades ou realizar esforços físicos, até atividades cognitivas-intelectuais, como desenvolver dificuldades para ler e interpretar um texto ou ainda escrever e se comunicar verbalmente. É comum ainda as pessoas com quadros avançados de depressão se isolarem de conhecidos e parentes, aprofundando cada vez mais seus sintomas e deixando o paciente em estado de total inércia. A preguiça nesse caso nos impede de realizar desde tarefas simples como levantar da cama para ir à academia, mas também em casos mais graves nos impede de sair para trabalhar ou ver nossos amigos.

A ciência enxerga então a preguiça diferente da maioria de nós que pensamos que os "preguiçosos" são apenas pessoas sem propósito ou objetivos. Ela afirma que a preguiça pode ser o primeiro indicativo de um problema que pode se tornar cada vez mais grave e recomenda: em casos leves, uma boa alimentação aliada a exercícios físicos já ajudam no processo de recuperação, dado que atividades físicas liberam endorfina no organismo que causam uma sensação de bem-estar. Já em casos mais profundos de desânimo, preguiça e depressão, recomenda-se o contato com algum psicólogo e psiquiatra especializado no tema, quando estes irão guiar o paciente no uso de remédios que preencham os déficits de hormônios no corpo.

Posto que a preguiça seja mais do que um mero estado de espírito (vide que a ciência a estuda), nós devemos então nos utilizar de ferramentas para contornar esse mal que aflige a todos nós. Mas como? A resposta são as **rotinas**!

Quando somos crianças e possuímos pouca ou nenhuma habilidade, somos uma grande folha em branco que, com o passar do tempo e com o poder da observação, absorve tudo aquilo que está à sua volta para processar em seu cérebro como determinadas tarefas funcionam e são desenvolvidas. Quando jovens, somos educados pelas pessoas que nos cercam e repetimos seus atos e trejeitos de tal modo que adotamos parte da personalidade destas pessoas na criação de nossa própria, uma vez que entendemos através da observação constante que aquele é o modo correto de proceder. Imagine uma criança que ainda está em fase de aprendizado acerca da utilização do assento sanitário, por exemplo, e que por sua vez ainda utiliza-se de fraldas para suas necessidades biológicas. Para quem já conviveu com uma criança desta idade vai se lembrar que no começo do processo da retirada da fralda a criança alterna entre pedir para ir ao banheiro e continuar utilizando a fralda. Essa alternância dura pelo menos algumas semanas quando a criança passa cada vez mais a solicitar a ajuda de seus pais para ir ao banheiro até o momento em que a criança não só não solicita mais ajuda, mas sim se dirige automaticamente sem comunicar ninguém do ocorrido. Você teria um palpite de como se deu esse processo? Como uma criança que até então desconhecia outros modos de se satisfazer biologicamente passou a entender que existem métodos mais eficientes e também passou a adotá-los automaticamente? A resposta é muito simples. Ela criou uma rotina com base no conhecimento que ela adquiriu e a partir disso ela criou um hábito mecânico do que fazer quando sentir vontade de ir ao banheiro.

A criação de rotinas é então um excelente exercício a ser desenvolvido por aqueles que desejam transformar alguma prática que pode vir a beneficiar seu dia em um novo hábito que seja realizado de forma tão natural que sua realização aconteça automaticamente. Seja a prática de exercícios, o aprendizado de um novo idioma, o estudo para algum concurso ou o desenvolvimento de qualquer habilidade, todas estas demandas podem ser adquiridas através do simples ato de criação de hábitos constantes dentro de uma rotina. No entanto, é importante ressaltar que rotinas não são criadas do dia para a noite e que a sua implementação na maioria dos casos ocorre de forma lenta e gradual. Raros são os casos de pessoas que em determinado dia começam a praticar exercícios, estudar dois idiomas, começar a ler um livro por mês etc. A pressa em iniciar diversos hábitos novos de forma espontânea e simultânea é quase sempre a receita para o fracasso, posto que a excessiva carga de obrigações e de responsabilidades se transformará em estresse, protelação e, por fim, desistência. A melhor forma então para iniciar uma nova rotina é ir adicionando pequenas atividades e tarefas ao longo de várias semanas e, de modo evolutivo, ir aumentando a sua carga de responsabilidades até que você se habitue às práticas. Uma renomada teoria sobre conhecimento e o modo que aprendemos elucida como tendemos a descobrir novas capacidades e otimizá-las ao ponto de dominarmos seus pormenores. Ela é descrita assim:

9.1. Etapas do aprendizado

Você se lembra da criança que estava aprendendo a utilizar o banheiro? Para ela, usar a fralda era até então o único modo e também o mais eficiente de cumprir seu objetivo. Dado que ela não tinha conhecimento que poderia haver outros métodos, caso ela tivesse um pensamento racional mais desenvolvido e pudesse falar ela certamente diria algo como "deste jeito está certo e melhor modo não há". Em contrapartida para nós adultos, que já evoluímos desta fase e sabemos que existem modos melhores, a opinião desta criança pareceria ultrapassada e incorreta.

Certamente é nesse papel em que nós nos encontramos muitas vezes quando estamos tentando aprender uma nova habilidade, principalmente quando estamos cercados de pessoas que já dominam essa habilidade e convivem com ela há mais tempo. Sendo assim, sempre que buscamos desenvolver e aprender algo novo nos deparamos com os seguintes passos:

Inconsciente incompetente

Imagine que queremos ser mais saudáveis e desenvolver um novo hábito através do aprendizado de um novo esporte e decidimos então praticar uma luta, como o Muay Thai, por exemplo, sendo esta uma das lutas mais aeróbicas oferecidas nas academias pelo país.

Observando de longe nós vemos os seus praticantes fazendo alguns exercícios e posições e pensamos "não parece tão difícil" e decidimos tentar também. Logo na sua primeira aula você chega ao tatame todo confiante com a aparelhagem necessária (luvas) e acredita que vai arrasar logo de cara. Passados 5 minutos de aula você descobre que não tinha a menor noção do que esse esporte significava e que não está nem perto da condição mínima para poder praticá-lo. As luvas, que você achou que seriam mais do que necessárias para começar não te ajudam em quase nada e você ainda descobre que são necessários uma série de outros equipamentos (caneleira, protetor bucal, faixa etc.). Além disso, são tantas combinações confusas de golpes e nomes diferentes de combinações que, ao final do primeiro treino, você acredita que saiu sabendo menos do que quando entrou. Esse é então o primeiro passo de qualquer novo aprendizado: a **inconsciência**, ou o momento em que não sabemos que não sabemos.

Pode soar estranho, mas existem diversas coisas sobre assuntos que não dominamos que sequer imaginamos que existem. Quais as matérias que um otorrinolaringologista estuda na faculdade? Eu mesmo não consigo dar sequer palpites. E que tipos de habilidades um jogador de curling precisa ter? Boa mira? Precisão? Paciência? Vai saber! Quando não conhecemos determinada atividade, muitas vezes sequer sabemos da existência de características que são comuns para quem as conhece, portanto, estamos inconscientes de sua existência. E mais! Não só possuímos total desconhecimento da complexidade da atividade, mas também somos incompetentes para realizá-las. O que parecia então bastante fácil torna-se imediatamente difícil e é justamente nessa primeira fase que muitos desistem, afinal, não só descobrem que são incompetentes na missão de aprender uma nova habilidade, mas também que esta nova habilidade vai requerer muito mais esforço do que o imaginado.

Passado, porém, o susto inicial ao enfrentamento de um novo desafio, o próximo passo nos coloca em uma posição um pouco melhor.

Consciente incompetente

Na segunda etapa de aprendizado já descobrimos que o caminho para dominarmos determinada habilidade será mais árduo do que imaginávamos e cabe a nós nos mantermos focados no longo caminho que esse aprendizado requererá. Utilizando as aulas de Muay Thai ainda como exemplo, na segunda etapa já estamos conscientes dos golpes que existem, das combinações possíveis, das regras que perfazem o esporte e tudo o mais. Porém ainda há um problema maior... nós não temos a habilidade suficiente para executar tudo aquilo que sabemos que existe.

Assim como quem está aprendendo uma luta, aprender um idioma (na verdade aprender quase qualquer coisa) é algo extremamente complicado. Sabemos que existem as palavras que estão escritas ali e podemos até conhecer o seu significado, mas e a sua pronúncia? Alguns idiomas exigem que seu orador movimente a língua ou até a boca inteira de determinado modo a soar perfeitamente o barulho que compõem a palavra, sendo que em alguns casos (como o mandarim) a pronúncia errada pode nos levar a dizer uma palavra totalmente diferente daquela que pretendíamos e causar uma enorme estranheza para quem está ouvindo. Então na segunda fase do aprendizado entendemos que nossa incompetência temporária só será satisfeita através da constante prática e exercitação, seja no treino de uma luta ou na repetição de pronúncias das palavras. Sendo assim, a constância da prática é essencial nessa segunda fase do aprendizado, quando estamos em busca de elevar a nossa capacidade e/ou habilidade em praticar e desenvolver qualquer tarefa.

Consciente competente

Chegamos enfim à fase em que não só somos conscientes do necessário para realizar nossas atividades, mas também somos competentes em realizá-las da forma adequada. Na terceira fase o praticante de Muay Thai já conhece uma grande gama de golpes e já consegue realizar uma série de combinações diferentes com eles, bem como o estudante do idioma estrangeiro, que se encontra não só consciente de diferentes palavras em um vasto vocabulário, mas também consegue aplicá-las da forma correta segundo a estrutura gramatical aprendida. Apesar de já haver algum domínio em nossas atividades nós ainda precisamos, porém, prestar atenção naquilo que estamos fazendo (seja observando com cuidado nossos golpes na luta ou se atentando àquela palavra específica na leitura do idioma) para não errarmos.

Infelizmente essa é, no entanto, a fase em que grande parte das pessoas estagnam uma vez que já possuem um bom conhecimento de determinado assunto o que na maioria das vezes supre o básico exigido. Porém, para chegar à última e próxima fase é preciso continuar praticando e treinando cada vez mais até que alcancemos a inconsciência.

Inconsciente e competente

Você sabe quando vemos uma pessoa realmente boa em determinada coisa realizá-la na maior facilidade? Quando eu assisto a uma competição esportiva, por exemplo, às vezes parece que os atletas ali não estão nem sequer pensando em seus movimentos. Eles simplesmente agem executando cada uma das ações de forma tão natural e espontânea que parecem ter nascido para aquilo. Você já teve essa sensação também? Acredite, o movimento dos atletas parece ser realizados sem pensar porque realmente eles são! Após anos e anos de prática, um atleta repetiu exaustivamente aqueles movimentos que quando precisa realizá-los seu cérebro "não precisa" pensar no que está fazendo. Ele vai lá e faz. O mesmo pode ser dito de quem dirige carros e motos em pleno trânsito caótico de cidades grandes. O movimento de pisar na embreagem, colocar a marcha, pisar no acelerador e no freio se tornou tão comum e corriqueiro que os (bons) motoristas já sabem onde cada um dos pedais se encontra e não se faz mais necessário olhar para eles.

Na última fase do conhecimento, nós possuímos tal domínio na resolução das atividades que elas se tornam inconscientes e somos extremamente competentes em desenvolvê-las de forma automática. A conclusão? Podemos dizer então que a construção de um novo hábito ou habilidade se dá de uma única maneira: proatividade para conhecê-la e posteriormente prática, mas muita prática. Essa é a forma na qual é possível se construir uma nova rotina e, antes de tudo, devemos entender o que são bons hábitos, hábitos regulares e maus hábitos, todos temas do próximo capítulo.

9.2. Construindo uma rotina do zero

Pensar custa energia. Aliás, toda e qualquer função que nós seres humanos realizamos custa energia. Desde as tarefas mais primordiais, como respirar, o bater do coração e a execução do nosso processo digestivo, consomem energia que nós precisamos repor através de alimentos. E as demais tarefas como descer escadas, digitar relatórios, ir à academia ou fazer uma corrida na praça? Elas também consomem energia e, portanto, existe um número máximo de coisas que conseguimos fazer dentro de vinte e quatro horas. Então nós diariamente temos uma quantidade limitada de energia que conseguimos através dos alimentos e do repouso quando dormimos e decidir como iremos empregá-la faz parte da construção de uma rotina. Mas o que será que gasta mais energia, uma série de musculação com pesos ou pensarmos no que estamos escrevendo em nosso relatório? Eu arriscaria dizer que todos pensam que uma série de pesos é provavelmente mais caro para a nossa energia, certo? E se eu te disser que nem sempre é assim e que a resposta para esta pergunta merece um sonoro: **DEPENDE.**

Às vezes o total de energia gasta em cada uma das atividades tem pouco a ver com o fato de ela ser uma atividade física ou não. Tome, por exemplo, o fato de você acordar logo pela manhã e ir ao banheiro lavar o rosto e escovar os dentes. Você realizou ao menos uma dezena de atividades físicas que sequer percebeu, dentre elas: abrir os olhos, pôr os pés no chão, caminhar até o banheiro, lavar o rosto, escovar os dentes, fazer suas necessidades e por aí vai. Agora pare por um instante e tente se lembrar qual foi o pé que você tocou primeiro o chão. Você escovou o lado esquerdo ou o lado direito da

CRIANDO UMA ROTINA

boca primeiro? E seu rosto? Por qual dos lados da face você começou a se enxugar? Apesar de fazermos estas atividades todos os dias, para a maioria de nós é difícil dizer com precisão como foram feitas as primeiras tarefas do dia, mesmo que sabemos que elas foram feitas com maestria. Mas por que isso? Esta "mecanização" ocorre porque estamos **habituados** a realizá-las com tanta frequência e naturalidade que aplicamos a menor quantidade de energia necessária para executar tais tarefas, além de sequer precisarmos pensar em como as estamos fazendo. Esse é então o princípio básico de uma **rotina**. Uma rotina, quando bem desenhada, tende a facilitar muito a nossa vida e a otimizar o nosso tempo. Isso porque nós "mecanizamos", de certa forma, as tarefas que precisamos realizar e com essa mecanização podemos executá-las em nível subconsciente, sem que precisemos de fato estar com toda a nossa atenção voltada a ela (na fase inconsciente competente).

Imagine, por exemplo, que todas as manhãs você dirige para o seu trabalho fazendo o mesmo percurso diariamente. Depois de um tempo o dirigir no caminho se torna algo tão automático em sua mente e, salvo algum desvio excepcional que seja necessário, sua atenção pode já estar focada em outras coisas como ouvir as notícias do dia pela manhã ou ainda ouvir um podcast de algum tema específico que lhe agrade. O mesmo pode ser aplicado para as primeiras tarefas do dia como o preenchimento de uma planilha ou o envio de e-mails. Algumas dessas tarefas ao se transformarem em hábitos podem ser postas no "automático" e assim economizar esforço e energia cerebral. Diferente da ação de aprender uma nova tarefa, descobrir um novo ambiente, ou entender um novo conceito, momento este que o nosso cérebro está a mil para capturar toda e qualquer informação nova a fim de assimilar o novo conhecimento, na maioria das atividades que são hábitos, nosso cérebro permanece em um modo de stand by ou então executa tais tarefas utilizando-se do menor nível de atividade cerebral necessária.

No entanto, se você reparar, grande parte das tarefas listadas acima compõem uma série de obrigações que nós "temos" que fazer ou que ainda foge do nosso controle como, por exemplo, abrir os olhos, pôr os pés no chão para levantar, escovar os dentes, dirigir etc. Repare que a maioria destes hábitos são inatos e que se formos colocar na ponta do lápis eles são tarefas essenciais para começarmos o nosso dia, não trazendo grande diferença de fato para a nossa vida. O que estou tentando dizer é que, sim, você tem benefícios em escovar os dentes, abrir os olhos e dirigir para o trabalho, mas caso decida não realizá-los você vai ficar deitado na cama o dia inteiro parado sem ter o que fazer. A dúvida então de quem está em busca de uma rotina mais regrada é outra. A pessoa que quer otimizar seu tempo e energia busca na própria rotina basicamente duas coisas: destruir os hábitos que considera negativo e construir novos hábitos positivos. Vamos à explicação destes.

a) Destruindo hábitos negativos:

Aqui chegamos a um impasse porque eu vou lhe dizer uma verdade nua e crua. É muito difícil (ou praticamente impossível) destruir hábitos negativos. Mas calma!!! Não abandone este livro agora e desista de todos os seus sonhos. Não quero que

CRIANDO UMA ROTINA

você se sinta um fracassado e pense que perdeu todo esse tempo lendo este livro até aqui para descobrir que você está fadado ao insucesso. O que eu quero te dizer na verdade é que sim, é muito difícil você eliminar do nada um hábito ruim como fumar, por exemplo, mas isso não significa que você não pode trocar esse hábito ruim por um novo hábito positivo. Na verdade, isso é exatamente o que os especialistas em vício recomendam que seus pacientes pratiquem enquanto estão em busca da eliminação de algum hábito negativo. Mas por que eliminar algo é mais difícil do que simplesmente substituir? A resposta está no modo em como nosso cérebro processa as coisas e como ele armazena isso em sua memória.

Ciência em foco: Qual é a nossa capacidade de guardar memórias?

Antes de saber quão poderoso é o nosso cérebro em guardar inúmeras memórias, temos que entender o que é de fato **uma memória**. Afinal, você saberia me dizer o que são as nossas recordações?

Uma memória é nada mais do que a capacidade de retenção de informações de experiências e fatos que nós temos ao longo de toda a nossa vida, as quais podem ser armazenadas e revisitadas continuamente. A memória então é a nossa capacidade de criar ligações neurológicas de determinadas experiências que tivemos, nos dando a possibilidade do aprendizado quando retemos as informações de determinada situação e temos o conhecimento armazenado para futuras necessidades, quando o nosso cérebro se ativará em determinado padrão.

Falando em padrões, o processo de armazenamento de memórias funciona mais ou menos assim mesmo. Quando recebemos uma nova informação, nossos neurônios se ativam no cérebro de determinada forma, sendo que essa ativação gera um "caminho", o qual será sempre percorrido quando tivermos que acessar aquele dado no futuro.

Metaforicamente, a memória funciona como uma trilha em um matagal. Enquanto ninguém passa por dentro dele, o mato continua alto e é difícil visualizar qualquer coisa, porém conforme as pessoas vão pisando em um caminho, as folhas e mato tendem a abaixar, formando-se assim uma trilha visível por onde as pessoas podem passar posteriormente. Com a memória funciona mais ou menos assim, quando temos uma experiência inédita, um "caminho" novo é registrado em nosso cérebro. Quanto mais vezes tivermos aquela experiência, mais e mais este "caminho" será marcado e dessa forma teremos acesso àquela recordação com maior facilidade e rapidez.

Memórias de curto prazo que exigem de nós pouca atenção ou uma recordação por um breve período percorrem esse "caminho" na parte frontal do nosso cérebro, área conhecida como lóbulo pré-frontal e podem durar de poucas horas até segundos. Nele estão os padrões de um telefone que tivemos de ligar mais tarde, de uma placa de rua, do horário que ficou de responder um e-mail etc. Já as memórias de longo prazo são convertidas e registradas em uma região mais interior do cérebro, chamada hipocampo, responsável pelos padrões que permanecem por maiores períodos de tempo e são essenciais a nós, dentre eles

CRIANDO UMA ROTINA

137

nosso endereço, a habilidade de dirigir um carro ou andar de bicicleta, nossa capacidade de falar e muitas outras.

Sendo assim, como foi dito a memória é a capacidade do cérebro em armazenar informações em forma de ligações neurológicas que formam uma espécie de caminho, os famosos padrões cerebrais. Dessa forma, quando aprendemos alguma coisa nova esse aprendizado se torna um padrão dentro do nosso cérebro que pode ser revisitado posteriormente. Só que não adianta realizar esse caminho simplesmente apenas uma vez. Afinal, tal como a comparação que fizemos da memória com uma trilha, quanto mais vezes passarmos por esse caminho, mais "visível" estará seu percurso e mais rápido o cérebro será capaz de identificá--lo e reproduzi-lo. É dessa forma que respondemos a algumas coisas familiares ou estímulos rotineiros de forma automática e rápida enquanto que para responder a questionamentos recentes ou novos demoramos mais tempo. Faça o teste! Quanto é 2 x 2? A resposta automática é 4! E quanto é 14 x 37? Calma aí... melhor eu pegar uma calculadora (a resposta é 518 para quem ficou curioso). Mas por que a primeira equação me pareceu tão fácil e a segunda tão complicada? Será que é porque 2 x 2 são números menores do que 14 x 37? Não! A verdade é que você, de fato, não parou para calcular que dois objetos quaisquer vezes duas vezes são quatro quantidades desse mesmo objeto. Falando desse jeito a equação 2 x 2 pareceu até mais complicada! O que ocorreu na verdade foi que a frase "Quanto é dois vezes dois" já está em sua mente e seu cérebro rapidamente acessa a sua resposta, enquanto que "quanto é quatorze vezes trinta e sete" não é uma pergunta corriqueira de se ouvir e por isso você demora mais tempo para encontrar a resposta. Esse tempo a mais é o cérebro tendo que processar muito mais vezes para encontrar a resposta certa, como faria um computador. E tal qual como um computador que busca otimizar o seu desempenho, o cérebro buscará padronizar tudo aquilo que puder, afinal, quanto mais respostas automáticas para nossas ações ele tiver, menos energia ele gastará. Dessa forma, enquanto praticamos alguma coisa com constância, seja ela boa ou ruim, nosso cérebro já torna ela um hábito, uma resposta automática àquilo que ele entende ser a resposta mais rápida da nossa dúvida.

Imagine agora que você esteja ansioso e que algumas vezes, anteriormente, em que também estava ansioso você recorreu a um chocolate para se acalmar (afinal ele libera endorfina que nos faz relaxar). Você então tinha um problema (ansiedade) e recorreu a uma solução (comer um doce). Na "lógica cerebral" a equação foi Ansiedade + Chocolate = Resolução do problema. Simples assim. O seu cérebro associou então que para toda vez que haja uma situação parecida de ansiedade ele deve recorrer sempre à mesma solução: um doce. Esse tipo de associação se torna então automática para você, ou seja, um **hábito** uma vez que para poupar energia o cérebro preferirá buscar em seus "arquivos" uma informação já salva e que, se não resolver 100% do meu problema, que se aproxime o máximo da sua resolução. Nesse caso acabamos de criar um hábito ruim, afinal sempre que você se sentir ansioso você automaticamente recorrerá a um chocolate. O mesmo serve para o hábito de fumar, geralmente associado a quem tem momentos estressantes ao longo de seu dia, recorrendo às propriedades da nicotina para abaixar seu estresse.

CRIANDO UMA ROTINA

Mas por que é tão difícil eliminar um hábito negativo em nossa rotina, mesmo sabendo que ele é prejudicial à nossa saúde física ou mental? A resposta é simples. Lembra que falamos acima que o cérebro sempre irá priorizar respostas rápidas e simples aos nossos problemas, mesmo que eles sejam complexos? Agora imagine novamente uma pessoa que está tentando parar de fumar, mas que tem um evento realmente estressante no meio do dia. Sabendo tudo sobre o nosso cérebro como você agora sabe, você acha que ele irá tentar buscar uma **nova** solução para que você, de forma controlada, encontre a solução do problema ou vai recorrer a uma informação **antiga** que ele já sabe que funciona e que pode sanar o problema do estresse muito mais rápido? Não tenha dúvidas que ele recorrerá a uma informação antiga, mesmo que esse seja um hábito ruim. É justamente por isso que em casos de tratamento de alcoolismo ou tabagismo se isolar em clínicas de tratamento muitas vezes não funciona. Mesmo que no curto prazo a solução pareça positiva, dada a privação do paciente do contato com a droga, logo após sair da reclusão muitos se tornam reincidentes no consumo das antigas substâncias, isso porque elas não "reeducaram" o seu cérebro de que aquilo é um hábito ruim. O que elas fizeram na verdade foi apenas criar dificuldades para que elas tivessem acesso à solução mais rápida do problema, porém o cérebro continua acreditando que recorrer ao álcool, cigarro ou até ao chocolate continua sendo a opção correta. Então quando houver alguma situação no futuro que remeta a um problema que o cérebro já conhece, na primeira oportunidade que tiver ele vai associar o problema a uma solução rápida já registrada e apontar ela como a melhor solução para você.

Como fazer então para trocar hábitos ruins e negativos por hábitos bons e positivos dentro de uma rotina? É possível trocar o cigarro por uma maçã? Uma pizza por uma caminhada? Procrastinação por produtividade? Vamos ver no próximo item que sim!

b) Criando hábitos positivos

No nosso exemplo anterior, contamos a situação em que uma pessoa ficava estressada e logo após comer um doce (chocolate) ela conseguiu se acalmar. Vimos também que a partir disso o cérebro associou o ato de comer doce com a sensação de calmaria e, portanto, guardou em seus registros que esse é o melhor modo de te acalmar. Mas por que isso aconteceu?

Eu acredito que ninguém goste de sofrer ou passar por dificuldades, certo? Então durante toda a nossa vida nós tendemos a querer nos afastar daquilo que é ruim e a ficar próximo daquilo que nos faz bem. Prova disso é que nós escolhemos nos relacionar com pessoas que nos trazem algum tipo de sentimento positivo, ao passo que na maioria dos casos, nós tendemos a evitar quem nos desagrada. Pensando agora no nosso organismo, quando conhecemos alguém que nos faz bem é como se o cérebro "pensasse" e associasse "ah, isso foi positivo para mim, então eu quero isso de novo". Já se uma pessoa nos distrata ele pensa "isso foi negativo para mim, então eu não quero mais isso não". O mesmo se aplica a tudo que vemos, fazemos e conhecemos no dia a dia seguindo sempre a regra "eu gosto eu quero mais" e "eu não gosto e não quero mais". Concluindo, o cérebro funciona então sob um sistema de **recompensas**, ou seja, ele só vai querer realizar tarefas que ele sabe que gerem um resultado po-

CRIANDO UMA ROTINA

sitivo, feliz, agradável ou satisfatório para o nosso organismo. Então o que gera nossos hábitos é o efeito gatilho – recompensa. No nosso exemplo, a calmaria do doce foi considerada uma recompensa. "Mas como?" você pode perguntar. Simples, havia o problema de gatilho (estou nervoso), você recebeu um doce e se acalmou. A recompensa para o cérebro aqui foi a sensação posterior de tranquilidade, gerando assim um "vínculo" entre causa e efeito entre esses dois eventos separados. É justamente assim que a grande maioria de nossos hábitos são formados, através de associações de causa-efeito entre problemas e recompensas.

É por isso que simplesmente retirar a recompensa de alguém não faz com que ela abandone um hábito ruim, como é o hábito de "comer doce" no exemplo. Imagine que alguém esteja irritado, mas a pessoa se segura para não pegar um doce. Como ela não resolveu o problema sua irritação só cresce, e cresce e cresce até o ponto que a pessoa vai finalmente desistir da tentação e vai comer um doce, reafirmando para o cérebro "quanto mais irritado eu fico, mais doce eu preciso". O que nós devemos fazer então para "enganar" o cérebro de que comer o doce não é a melhor solução para aquele problema é oferecer outras soluções para o mesmo problema e criar novas recompensas para essas soluções. É claro que comer uma cenoura em vez de um chocolate não vai eliminar o hábito de comer doces logo de cara. Uma cenoura é visivelmente menos atraente gastronomicamente falando quando comparada a um bom pedaço de bolo. Então o que deve ser feito é a criação de recompensas positivas para quando conseguimos evitar recorrer aos velhos hábitos a também estipular punições para quando não resistirmos, estimulando nossos padrões cognitivos a entender que determinadas ações nos levarão à prêmios e bonificações dentro de nossa rotina, enquanto que más ações nos levarão à perdas e prejuízos.

E se você pudesse elencar dentre diversos itens que nos traz algum prazer ou desconforto, benefício ou malefício, vantagem ou desvantagem, qual item você citaria como o mais efetivo? Não há dúvidas que para o ser humano, pensando na grande média, o que mais nos motiva são as recompensas financeiras. Já dizia Maquiavel no seu mais famoso escrito, O Príncipe: "O homem esquece mais facilmente a morte do pai do que a perda de patrimônio". Apesar de duras, são fortes os indícios de que as recompensas financeiras nos fazem trabalhar mais e nos esforçar com maior afinco enquanto que a sensação de perder dinheiro ou sequer a sua possibilidade nos afeta de tal forma que tendemos a evitá-la com todas as forças. Pensando nisso, é possível utilizar da ganância, por assim dizer, do ser humano em acumular recursos e utilizá-la como uma poderosa ferramenta na construção de nossas rotinas. E como já foi dito no decorrer deste livro que quebrar uma grande tarefa em pequenas partes a torna mais fácil de ser realizada, podemos novamente recorrer a essa técnica para nos estimular a executar nossas tarefas, sempre pensando na sua simplificação.

9.3. Tarefas mínimas e complementares

Ao longo de todo este material você aprendeu o quão importante é criar metas para os seus objetivos e como isso deve ser feito em pequenas partes, afinal, resolver pequenas atividades individualmente é potencialmente mais fácil do que tentar solucionar apenas um grande problema. É por isso que dividimos a meta de alcançar

CRIANDO UMA ROTINA

nosso primeiro milhão em pequenas metas de alcançar R$ 10 mil, R$ 50 mil, R$ 150 mil e assim por diante, bem como quebramos a meta de chegarmos à presidência de uma empresa em atingirmos cargos cada vez maiores. Ao longo de todo meu ano de 2015, foi com a redução de minhas metas principais em metas cada vez menores que tive a oportunidade de conseguir avançar substancialmente em cada uma delas. "Escrever uma página por dia" se tornou uma mini meta dentro da grande meta que era terminar meu livro. Ao final de cada noite, quando eu finalmente atingia uma página de conteúdo criado, eu me sentia plenamente satisfeito por ter conseguido alcançar mais um passo rumo ao objetivo maior.

A criação de tarefas mínimas dentro de nossas rotinas nos faz sempre dar continuidade no processo produtivo de alcançar paulatinamente nossas metas profissionais, gerais, financeiras e acadêmicas. E as tarefas mínimas podem ser aplicadas em todos os deveres que temos ao longo de um dia, tais como "responder todos os e-mails da minha caixa de entrada", "terminar pelo menos um relatório por dia" ou "praticar ao menos 15 minutos de caminhada". Pequenas tarefas repetitivas nos fazem ter maior controle sobre a nossa rotina, quando podemos parametrizar tudo aquilo que precisamos fazer no mínimo e conseguimos então colocar estas atividades no modo automático. Mas você se lembra que nós estávamos conversando sobre como substituir hábitos negativos por positivos dentro de uma rotina? Pois bem, tal prática se dá dentro da criação de incentivos que podem ser alimentares, familiares, mas principalmente financeiros, com a estipulação de que dentro de nosso dia deverá haver sempre tarefas mínimas e tarefas complementares.

As tarefas mínimas, como seu nome já indicam, são aquelas que devem ser feitas para pelo menos avançarmos dentro de nossas metas. Terminar mais uma página do relatório, estudar uma hora de inglês, correr por trinta minutos na academia são as tarefas que determinamos como essenciais para nosso desejo final. Completá-las são os objetivos mínimos e, portanto, concluir qualquer uma delas não nos traz nenhum mimo ou bonificação. No entanto, se deixarmos de completar as tarefas mínimas, deverão haver punições para nos certificarmos que nosso cérebro entendeu que a falta de compromisso nos causou um prejuízo, seja ele qual for, fazendo com que queiramos evitá-lo da próxima vez. Já adicionar tarefas complementares ao esforço mínimo exigido é uma forma de criar um hábito positivo, quando nos esforçamos para concluir nosso objetivo mais rápido e alcançar não somente o seu sucesso e ter autossatisfação por isso, mas também nos recompensar com algum benefício extra, gerando um incentivo para que queiramos repetir tal atividade.

No meu caso, pensando em uma das minhas metas financeiras (rentabilizar e gerir os sites do Grupo sem Segredos), eu possuía duas tarefas mínimas todo almoço: conferir os artigos publicados e revisar os enviados pelos meus colaboradores. Isso era o mínimo que eu precisava fazer, não apenas para avançar no objetivo criado, mas também para manter o funcionamento pleno dos sites. Já como tarefa complementar, eu determinei que escrever mais artigos de minha autoria seriam um ponto extra dentro da minha meta e a cada novo artigo eu separaria um valor, algo próximo de dez reais, para que eu pudesse gastar com qualquer coisa que eu quisesse posteriormente. Seja comprar um livro ou uma revista nova, adquirir uma roupa que eu estava a fim, ou então sair para algum bar com meus amigos. A cada artigo escrito eu gerava uma recompensa financeira que me trazia satisfação e com isso novos incentivos para que eu continuasse entregando sempre mais do que o combinado. E caso eu falhasse e não conseguisse sequer verificar os artigos escritos pelos meus outros colaboradores? Mais importante do que criar recompensas, a criação de penalidades nos ajuda a querer evitar a sensação ruim do fracasso, mas também a perda financeira, como era meu caso. A cada dia perdido sem conseguir mexer nos sites eu separava os mesmos dez reais que estavam disponíveis no sucesso das tarefas complementares, porém acumulava o valor das punições em outro local, um que fosse acumulado para que ao final de um período (mês, semana, trimestre) eu desse alguma destinação que não a minha satisfação, podendo doar ele para um terceiro, como minha noiva para que ela comprasse algo para ela ao invés de para mim, ou pagava uma rodada inteira com meu dinheiro de cervejas para meus amigos, me gerando prejuízos.

Estimular sensações positivas e negativas, apesar de parecer simplório, é uma ferramenta muito relevante. Prova disso é que muitos dos ensinamentos e valores que tivemos ao longo de nossa infância foram obtidos através deste método, quando muitos pais tendiam a presentear seus filhos em algum sucesso alcançado e puni-los caso contrário. No nosso caso, como adultos conscientes de nossas responsabilidades, cabe a nós mesmos gerir esse sistema de bonificação-punição garantindo que este seja aplicado sob qualquer circunstância, a fim de evitarmos a famosa protelação, afinal, no fim das contas estaremos de qualquer jeito enganando não os outros, mas nós mesmos e contribuindo para o nosso insucesso na conclusão das metas que criamos para nosso ano.

E a criação de tarefas mínimas e complementares pode (e deve) ser aplicada à todas as metas possíveis, sejam elas financeiras, acadêmicas, profissionais etc. Se por um lado havia tarefas mínimas na hora do almoço, elas também não escapavam à noite. Após o jantar, nas duas ou três horas que me restavam antes de dormir, foi estipulado que deveria ser escrita ao menos uma página do livro Previdência sem Segredos e duas do TCC, ambas com as mesmas punições e bonificações citadas anteriormente. E o que parecia distante de sua conclusão no começo do ano, com o passar do tempo e com a conclusão diárias das tarefas estipuladas, a conclusão de todos os projetos foi andando simultaneamente ao passo de que ao decorrer do ano foi possível entregar o TCC em junho, tendo ele sido muito elogiado pelo professor e me garantindo o título de MBA em Finanças Corporativas, e também a conclusão do livro Previdência sem Segredos, o qual foi finalizado em meados de dezembro, me restando ainda dois meses para poder reler todo o material escrito e entregá-lo em fevereiro de 2016, com um mês de antecedência do prazo final combinado com a editora. Parece que tudo deu certo afinal... mas só parece!

• CAPÍTULO 10 •

Aceitando Erros, Modificando Planos

Não dá para dizer que 2015 foi o ano perfeito e que todos os objetivos e metas foram alcançados e cumpridos, nem que nem por um momento eu vacilei em cumprir alguma tarefa. A verdade é que quando estamos planejando como será o nosso próximo ano, estamos apenas idealizando o que queremos que aconteça, porém é quase certo que algum item irá se perder no caminho. Seja por falta de tempo, má organização, imprevistos ocorridos e outros eventos. O planejamento que foi ensinado neste material é nada mais do que uma ferramenta de organização presente para uma série de atividades futuras, as quais espera-se realizar baseado naquilo que conhecemos hoje, ou seja, se continuarmos com uma das condições que os economistas adoram usar: Ceteris Paribus.

Ceteris Paribus é uma expressão em latim que significa "todo o mais constante", ou seja, eu consigo prever uma situação X se tudo entorno dessa situação se manter constante. Com a conclusão de nossas metas, isso não é muito diferente. Se minha meta pessoal for comprar uma BMW, um carro que eu sempre desejei, e eu me preparo com a minha meta financeira de economizar uma quantia para que ao final do ano eu compre o carro, eu provavelmente estou contando com uma série de fatores ao longo do ano que se manterão constantes, tais como manter o emprego ou ainda não possuir nenhum imprevisto financeiro. Imagine que logo em março do ano que estipulei adquirir a BMW eu perco meu emprego e com isso minha única fonte de renda. A mudança brusca de uma situação em minha vida fará com que eu precise rever minhas necessidades e metas a fim de não ter um efeito dominó sobre todas elas, quando um grande evento inicial faz todos os subsequentes caírem por terra. É por isso então que, por mais que consigamos manter um fluxo em nossas metas criadas, consigamos mantê-las dentro do padrão MRCAC (**M**ensuráveis, **R**espondíveis, **C**oncretas, **A**lcançáveis e **C**omparáveis) e estipulemos um prazo aceitável para elas, estamos novamente apenas planejando o futuro que, por definição, é imprevisível.

Isso não diminui, porém, a validade de construirmos um quadro de metas, de estipularmos nossos objetivos para o ano ou ainda determinarmos tarefas mínimas e complementares para o nosso dia a dia. Devemos entender que por mais que consigamos antecipar possíveis cenários, sempre haverá uma chance do desejado não ocorrer, mas tanto melhor estarmos prontos para ele com um planejamento em mãos do que à própria sorte do acaso. Essa é uma grande lição que devemos ter quando estamos tentando organizar as nossas vidas, seja a parte pessoal, a financeira ou a profissional. Assumir riscos controlados faz parte do processo de crescimento de todos nós. Mas falhar, antes de tudo, é também um aprendizado, afinal

ACEITANDO ERROS, MODIFICANDO PLANOS

quando falhamos aprendemos no mínimo o que não deve ser feito, certo?

Se por um lado a gestão dos sites foi bastante tranquila durante o ano inteiro, escrever um TCC de um MBA e em paralelo escrever um livro foram bastante trabalhosos e, mesmo que ambos caminhassem todos num mesmo sentido, alguns objetivos sempre vão acabar ocupando espaços de tempo que nós planejamos para outros. No início do ano, eu imaginava que mesmo estando em outro país realizando três dos meus objetivos: i. Geral (viajar para Londres), ii. Profissional (estudar inglês) e iii. Pessoal (noivar), eu poderia continuar acompanhando mesmo que com menor profundidade o avanço dos demais objetivos, principalmente os acadêmicos, os quais eram finalizar meu TCC e iniciar os estudos do mestrado. Mas o que eu não coloquei na conta é que a realização de um intercâmbio toma muito tempo do dia, somado ainda aos passeios que uma viagem turística envolve, eu praticamente não parava dentro do alojamento estudantil, saindo para o curso de inglês próximo das sete horas da manhã, voltando no horário do almoço para deixar o material e saindo novamente para uma série de passeios em museus, centros culturais, teatros, castelos etc., voltando sempre para o alojamento próximo das dez ou onze horas da noite. E se nos finais de semana eu pensei que teria algum horário disponível para desenvolver qualquer atividade dentro das metas acadêmicas, me enganei novamente. Nas sextas-feiras à noite eu viajei para alguma cidade próxima do interior da Inglaterra, ou então dei um pulo em Paris, a cidade-luz, para cumprir meu objetivo pessoal, noivar. Com um mês a menos dentro do meu cronograma e sem um prazo específico para finalizar meu estudo do mestrado, este foi inconscientemente ficando de lado com o passar do tempo e sempre que eu tentava retomar meus estudos eu acabava não cumprindo as tarefas mínimas e complementares das demais metas.

Próximo do meio do ano, já em junho, foi se tornando preocupante a conclusão da meta de começar minha preparação para o mestrado, dado que eu sequer havia estudado 20% do material disponível e eu já sentia que esta meta teria de ser revista ou realocada. Na minha revisão semestral das metas, quando eu finalmente parei para verificar o que já havia sido cumprido no primeiro semestre, verifiquei que estava bastante positivo no quadro geral, quando já havia concluído a maioria dos objetivos dentre eles, viajar, noivar, terminar meu TCC e acompanhar os blogs. No entanto, buscando reanalisar o que deveria ser feito do mês de julho para frente, os estudos do mestrado foram exclusos da meta daquele ano, dado que nos meus cálculos a finalização do livro tomaria, a partir de agora, quase que a totalidade do meu tempo.

E essa é justamente a importância de você rever trimestralmente, semestralmente ou até em outros períodos suas metas para o ano, verificando seu sucesso naquilo que você planejou, mas também aceitando que algumas das demais metas não serão cumpridas. De pouca valia é comprimir as tarefas que não estão indo bem até agora e tentar recolocá-las à força no cronograma de tempo que falta, o que pode não só fazer com que você deixe de entregar outras metas dado a nova pressão de tempo, mas que também entregue o prometido com uma qualidade bem inferior daquela que você sabe que poderia entregar. Por isso não há problemas em deixar de entregar uma ou duas metas, devendo lembrar que o importante é você sempre se

ACEITANDO ERROS, MODIFICANDO PLANOS

manter ativo no maior número de metas que você estipulou, não deixando também de cumprir cinco de quatro metas. Se pensarmos nas cinco grandes metas 1) Geral, 2) Financeira, 3) Profissional, 4) Acadêmica e 5) Pessoal, imaginando que no mínimo existe um objetivo dentro de cada uma dessas metas, quando deixamos de cumprir uma delas ainda fechamos o ano com 80% do proposto concluído. Um baita sucesso! No meu caso, a única meta que deixei de cumprir então foi a de estudar para meu mestrado, me deixando com um percentual de sucesso dentro do ano próximos de 85%, um número bastante bom.

E se esse número tivesse sido menor? Haveria problemas? E a resposta é novamente o nosso DEPENDE. Se eu tivesse fechado o ano com um percentual de 50% de conclusão das metas, teria esse sido um ano bom ou ruim para mim? A verdade é que quando estamos aprendendo sobre a autoprodutividade, o percentual de conclusão de metas é apenas um número se pensarmos que aprendemos de fato como conduzir e gerir nosso tempo com sabedoria quando aprendemos o modo e o porquê de termos objetivos concretos e claros. Devemos entender também que uma vida regrada e baseada em uma rotina com diversos hábitos positivos é um exercício que nos levará ano após ano ao caminho do sucesso, quando aprendemos cada vez mais a preencher nosso tempo com objetivos concretos e alcançáveis, o que torna assim nossa vida muito mais eficiente, produtiva e cheia de realizações. A verdade é que o total de metas e objetivos que você cria não passa de um número, mas se darmos sempre o nosso máximo dentro de tudo aquilo que fazemos, estaremos sempre evoluindo como profissionais, amigos, parceiros emocionais, culturalmente e, o principal de todos, como seres humanos.

Espero que com o conteúdo exposto e explicado neste livro você consiga desenhar tudo aquilo que você queira alcançar, e mais do que isso, que você atinja todos os seus objetivos, não importando quais sejam eles e quanto tempo eles demorem. Perseguir um sonho é mais importante do que apenas idealizá-lo e saber construir os degraus que o levarão à sua realização é o jeito mais rápido e fácil de se tornar feliz. Nas próximas páginas, em adição às minhas ferramentas utilizadas para estipular, construir e alcançar objetivos, você terá acesso aos principais métodos de gestão de tempo, otimização de tarefas e produtividade.

• CAPÍTULO 11 •

Técnicas de Produtividade

Até aqui você aprendeu o método que eu desenvolvi a partir de minhas vivências de como ser mais produtivo através da definição de objetivos, da criação de metas, do alinhamento delas em um fluxo, da construção de rotinas e do método de como executá-las corretamente recompensando tarefas cumpridas e penalizando a procrastinação.

Este foi o método mais eficiente que eu encontrei para executar dentro da minha rotina as tarefas que eu possuía em 2015. No entanto, ele não é nem de longe o método perfeito ou definitivo para que você também alcance todos os seus objetivos. Pelo contrário, ele é uma poderosa ferramenta que pode e deve ser modificada, alterada e otimizada de tal modo que ela atenda em especial as suas próprias necessidades. Como já disse Lavoisier, "nada se cria, nada se perde, tudo se transforma". Da mesma forma que eu adaptei e moldei outras teorias sobre produtividade ao meu próprio modo, você também deve realizar o exercício de transformar a Matriz da Produtividade do Denis em Matriz da Produtividade do Paulo, Matriz da Produtividade da Ana ou do César. Moldar a ideia apresentada no contexto do livro à sua realidade é a melhor maneira de transformar seu dia a dia no mais eficiente e produtivo possível.

No entanto, além das técnicas apresentadas e criadas por mim, existem outras também já conceituadas e divulgadas no mercado. Assim como em uma empresa que possui processos bem detalhados de produção e gestão, os quais seguem diferentes técnicas de famosos administradores como Ford e o fordismo ou Taylor e o taylorismo, existem técnicas para que nós aprimoremos nossa capacidade de concentração, aumentemos nossa produtividade pessoal e controlemos nosso tempo com maestria. Essas técnicas individualmente podem melhorar aqui e ali o seu dia, porém ao alinhá-las às próprias metas individuais e adicioná-las aos objetivos individuais, você alcançará a ferramenta ideal para o seu tipo de necessidade. Dentre as diversas técnicas que conheço, gostaria então de compartilhar as principais que uso diariamente e que foram utilizadas na criação do material apresentado neste livro.

Abaixo você encontrará um compilado das principais técnicas para fins de conhecimento. Comento brevemente a origem e autor delas, além de indicar para qual tipo de finalidade ela se aplica, comentando também os pontos fortes e fracos dessas técnicas.

11.1. Getting things done (GTD)

Desenvolvida e publicada em 2001 pelo autor David Allen, no premiadíssimo livro *"Getting Things Done – The art of stress-free productivity"* (traduzido posteriormente aqui no Brasil para "A arte de fazer acontecer – Estratégias para aumentar a produtividade e reduzir o estresse" pela Editora Sextante), a teoria do GTD é voltada para quem quer pôr a "mão na massa" nos seus projetos e partir do ponto de idealização de ideias para a conclusão destas de fato. Na técnica existem dois pontos fundamentais que ligam a teorização dos seus projetos até a fase de entrega deles, sendo eles:

i. Pondo tudo no papel

A técnica do GTD se inicia quando o autor recomenda que as ideias que nós temos devem ser passadas de um estado etéreo, no qual elas se encontram apenas em nossas cabeças, para um estado físico de fato, como em uma anotação, uma lista ou uma planilha. Sejam diárias, semanais ou pontuais, todos nós temos uma série de atividades e tarefas a completar e desenvolver e é mais comum do que se pensa esquecer alguma delas e só se lembrar quando elas já deviam ter sido entregues ou feitas. Nossa cabeça é tão repleta de pensamentos que se torna quase impossível para nós, com a correria do dia a dia nos lembrarmos de tudo aquilo que deveria ter sido feito. E o pior?! Nós quase sempre estamos pensando simultaneamente em mais de uma tarefa quando em casa pensamos no trabalho, no trabalho pensamos na faculdade e na faculdade voltamos a pensar em outras coisas. "O que é mesmo que eu precisava ter feito?" ou "Eu comprei tudo aquilo que eu tinha planejado?". Esse tipo de problema surge com frequência quando nós tentamos puxar de memória nossas obrigações.

Você se lembra da época do colégio (se você ainda não estiver nele) quando éramos instruídos a anotar todas as atividades que precisavam ser entregues no dia seguinte ao professor, a fim de também informar nossos pais sobre o que estávamos desenvolvendo na escola. Pois é, naquela época a sua única desculpa por não fazer determinada tarefa era preguiça mesmo, afinal você tinha exatamente suas tarefas anotadas.

E por que você perdeu esse hábito?

Quando nós anotamos nossas tarefas, sejam elas para depois do almoço, para o final do dia, para entregar no fim da semana ou até no fim do mês, nos livramos do estresse de ficar tentando puxar na memória aquela tarefa que esquecemos ou então ficar com aquela cara de dúvida no momento que nosso chefe pergunta se terminamos o relatório prometido (e tudo que conseguimos pensar é "Que relatório???"). Além disso, anotar imediatamente alguma nova tarefa nos permite "abrir" espaço de processamento no nosso cérebro quando não temos mais a preocupação de memorizar dados como data de entrega, o que deve ser feito, para quem entregar e etc., permitindo que mantenhamos o foco no que estávamos fazendo e deixemos para depois a análise da outra tarefa. Você pode depois de terminar o que estava fazendo e demandando sua atenção sentar com mais calma e analisar cada uma das suas anotações ou lembretes e, aí sim, distribuí-las de uma forma mais clara e organizada, transformando-as em projetos.

Além de gerar trabalhos incompletos ou mal realizados, nossos lapsos de memória ainda nos trazem um grande estresse quando somos cobrados (ou até mesmo quando nos cobramos) por erros cometidos dados os números elevados de tarefas. Então no primeiro passo da GTD a visualização de tarefas é quando nós paramos de tentar guardar aquilo que devemos fazer no fundo da memória e anotamos tudo para que possamos visualmente identificar o que deve ser feito.

ii. Concentração no máximo

Passado todas as nossas tarefas e ideias de nossa cabeça para o papel, está na hora de começar a pôr em prática aquilo que deve ser feito, porém uma coisa de cada vez. A técnica de Allen nos diz que cada tarefa deve ser atacada individualmente a fim de mantermos nossa concentração no máximo em tarefas individuais para que possamos realizá-las no menor espaço de tempo possível, elevando assim a nossa produtividade e tornando o nosso tempo eficiente. Porém, caso estejamos realizando alguma ação como, por exemplo, pintando a parede de nossa casa em uma reforma e somos interrompidos por alguma outra atividade que requer nossa atenção, a GTD nos diz que devemos pausar momentaneamente o que estamos desenvolvendo e "atacar" a nova tarefa com toda a nossa atenção, para terminá-la rapidamente e voltar para a antiga tarefa.

Mas essa técnica funciona?

A GTD é uma das técnicas mais famosas dentre as técnicas que rondam o mundo da produtividade. Por ter um conceito inicial bastante simples, que é o de tirar todas as ideias da cabeça e começar a realizar uma por uma, muitos começam seus estudos sobre produtividade e acabam se deparando com os materiais escritos pelo seu criador, David Allen. Mas se por um lado essa técnica é bastante simples de entender e assimilar, por outro ela funciona muito mais como uma filosofia do que uma técnica em minha opinião. A GTD é, como muitos autores defendem, apenas uma introdução de fácil entendimento para quem está começando a estudar as técnicas mais completas sobre produtividade e gestão de tempo. Justamente por isso outro autor se baseou na Getting Things Done para criar a sua própria técnica: a Zen To Done.

11.2. Zen to done (ZTD)

Diferente do que seu nome pode induzir, a técnica Zen to Done não tem nenhuma ligação com técnicas zen do budismo ou algum exercício de concentração espiritual. Seu nome está intimamente ligado ao fato de que para realizar determinadas tarefas, devemos estar "zen", ou seja, tranquilos e de mente livre para que possamos completá-las da forma mais simples e direta possível e que ainda tenhamos a capacidade de finalizar nossas tarefas.

A técnica foi criada pelo jornalista Leo Babauta, um norte-americano que possuía uma vida mega atarefada e cheio de compromissos e objetivos não realizados. Foi quando em meados de 2006 que ele decidiu parar e repensar o modo que estava vivendo e descobriu que o menos poderia ser mais (posteriormente esse dogma se tornou justamente os nomes de seus livros chamados "O poder do menos", publicado em 2009 aqui no Brasil pela Editora Plátano e "Quanto menos, melhor" publicado em 2010 pela Editora Sextante). Com a criação de seu blog Zen Habits (hábitos zen), o autor espalhou no mundo todo a ideia de que para cumprirmos nossas tarefas precisamos parar, respirar, rir e ir em frente vagarosamente. Baseado no método do GTD - Getting Things Done (explicado anteriormente), porém com uma série de atualizações em técnicas de ação e resolução do problema, o ZTD é uma alternativa àqueles que buscam uma vida mais tranquila, porém cheia de realizações.

TÉCNICAS DE PRODUTIVIDADE

Como já mencionado, a Zen to Done é um exercício de paciência e concentração, sendo assim, ela exige que seu usuário realize uma série de passos dentro de um roteiro padrão que servirá para resolver a grande maioria dos problemas comuns à conclusão de qualquer projeto, tais como falta de organização, procrastinação, ganho de eficiência dentre outros motivos que todos nós conhecemos bem. Apesar de algumas fontes divergirem sobre os passos da ZTD a serem realizados, ou até alguns estudiosos e usuários da técnica terem ido complementando ela com o passar do tempo, os itens fundamentais e originários da ZTD podem ser listados conforme abaixo. Um ponto importante a destacar, porém, é que a técnica prega que o seu usuário deve ter paciência e sempre buscar dominar cada um dos passos antes de passar para o próximo, ou então ir realizando tudo da forma mais harmoniosa possível. Lembre-se: seja zen!!!

1º) Capture informações

Um erro padrão da maioria de nós continua sendo aquele velho hábito de tentarmos "guardar" mais coisas dentro de nossa cabeça do que nós somos capazes. Seja porque não temos memória suficiente ou por simples esquecimento e tamanha quantidade de atividades que realizamos dentro de um mesmo dia, quase sempre perdemos aquela boa ideia por termos deixado de anotá-la (e sabemos o quanto frustrante isso é, quando tínhamos certeza de que aquela ideia iria mudar o mundo, mas agora ela é só uma vaga lembrança). Dessa forma, como já recomendado, vale sempre andar com um bloco de notas e uma caneta na mochila ou no bolso para podermos anotar toda e qualquer ideia que pareça valiosa, mesmo que depois ao analisarmos melhor identifiquemos que ela não era tão boa assim. Vale ainda abusar da tecnologia para esse tipo de atividade, onde temos aplicativos e demais recursos facilmente acessíveis para registrarmos um áudio, enviarmos uma mensagem e até vídeo. Mas na ZTD, além da coleta de informações, a mesma também pode ser usada para, como a técnica sugere, ficar "zen" ao tirarmos a responsabilidade de tentarmos lembrar-se de tudo e pudermos deixar nossa cabeça livre para agir.

Colete e capture todas as coisas importantes e tarefas que você precisa fazer, não deixando nada para depois. Mesmo que seja em ordem desordenada, neste primeiro passo o mais importante é "ter" todas as tarefas registradas para que depois possamos processar, classificar e delegar cada uma dessas atividades.

2º) Processar as informações

Depois de capturar todas as ideias que você teve (sejam profissionais ou pessoais) chegou a hora de ver o que realmente presta e o que deve ser descartado. Aquelas "grandes ideias" como "aprender russo até o fim do mês" ou "inventar o próximo iPhone essa semana" já podem ser automaticamente descartadas. Nós sabemos que você as teve em algum momento de empolgação, então deixe essas ideias para depois (ou talvez para nunca se não forem realmente boas!). Como primeira forma de classificação, vale a pena separar quais as atividades vão demorar mais tempo (mais de 1 ou 2 dias) e menos tempo (horas ou minutos). É muito provável que você teve um monte de ideias ou anotou tarefas que podem ser finalizadas rapidamente e são elas geralmente que as pessoas mais têm.

No meu trabalho, e com certeza no de muitos de nós, é bastante comum que algumas tarefas vão surgindo inesperadamente ao longo do dia. Seja alguma informação para alterar no sistema, alguma coisa para imprimir ou então um "ok" para dar em algum e-mail de uma tarefa que requer nossa autorização, essas tarefas fogem do nosso controle e muitas vezes vem em caráter de urgência. Seguindo a regra do essencialismo (vista à frente), enquanto eu estiver fazendo alguma coisa principal eu deveria simplesmente anotar essa nova tarefa em um papel e verificar, somente após a conclusão do que eu estou trabalhando atualmente, qual o nível de rapidez que eu preciso imprimir nessa tarefa ou que tipo de atenção eu vou dar a ela, certo?

Mas e se essa tarefa for me tomar "só um minutinho"?

Às vezes são esses pequenos "incêndios" que precisamos resolver que atrapalham todo o nosso cronograma de projetos uma vez que essas "minitarefas" preenchem toda nossa programação. Mas e se, ao invés de somente anotarmos e deixarmos de lado para depois essa tarefa, nós a realizássemos imediatamente e a tirássemos da frente? Isso quebraria a maioria das regras de foco e produtividade que ensinamos ao longo do livro, não é mesmo? Mas e se ela de fato só for lhe tomar poucos minutinhos? Tarefas que podem ser resolvidas rapidamente como responder um e-mail com um simples "ok" ou "de acordo" ou então fazer uma transferência rápida para um cliente podem ser resolvidas em questões de minutos e acumular elas em nossas agendas pode ser mais perda de tempo e acúmulo de atividades do que você pensa e o benefício de executá-las imediatamente nos permite tirar da cabeça problemas que teríamos no futuro ou até evitar que pequenas atividades possam se tornar grandes problemas no futuro.

As tarefas que vão durar pouco tempo e podem ser tiradas da frente devem ser priorizadas. Afinal, quanto menos itens minha lista tiver, mais espaço eu terei em minha cabeça para pensar exclusivamente nelas e com isso ter uma mente mais zen (a ideia principal dessa técnica). Separe as primeiras horas ou dias da semana para finalizar essas pequenas tarefas e descubra o quanto elas impactavam e empacavam o desenvolvimento das demais maiores. Passado as tarefas mais fáceis e rápidas de fazer, qual seria o próximo passo? Eliminar as coisas que não necessariamente VOCÊ deve fazer. **Delegar** atividades é um mantra que você ouvirá e deverá praticar ao longo de toda a sua vida. Quer saber o porquê? Simples. Porque você perderia seu precioso tempo realizando atividades que não são de sua responsabilidade, ou então até são, mas que outros podem realizá-las para você? Economia de tempo é algo extremamente precioso na gestão de tempo e ganho de produtividade e saber delegar atividades lhe ajudará a se concentrar exclusivamente naquilo que precisa ser realizado por você (e só você), abrindo mais espaço na sua agenda de tarefas e lhe dando maior capacidade de foco nestas.

Já excluídas as tarefas que você não deve fazer, aquelas que você pode fazer mais rapidamente e aquelas que você pode transferir para terceiros, chegou a hora de organizar as tarefas que são de fato importantes e que vão tomar certo tempo para serem completadas. Aí que entra a nossa próxima etapa.

3º) Planejar os próximos passos

As tarefas mais complexas não são resolvidas do dia para a noite. Muitas delas levam longos dias ou até semanas para serem executadas e, portanto, manter um planejamento de como irá atacá-las é essencial para manter o foco e garantir que estas sejam finalizadas.

Já as principais tarefas ou as que precisam ser entregues o mais breve possível devem ser postas na frente das demais e sempre deve-se começar por elas o seu dia. Segundo a técnica ZTD, elas são conhecidas como Tarefas TMI, ou Tarefas Mais Importantes. Escolha diariamente até três atividades que são prioritárias e tente concluí-las logo pela manhã. Vale sempre a dica de evitar realizar mais de duas tarefas **simultaneamente**, uma vez que o acúmulo de atividades pode levar o usuário da técnica a se embaralhar e a perder a concentração e foco naquilo que realmente importa (ao menos que as tarefas sejam correlatas, ou seja, uma dependa da outra). Assim que terminar as TMI, que tal começar a resolver as questões que tomarão maior tempo? As tarefas mais trabalhosas e longas, segundo Leo, são conhecidas como Grandes Rochas e simbolizam os desafios que você terá de "escalar" e conquistar para alcançar a solução.

4º) Executar o planejamento

Com o planejamento do passo anterior em mãos para as atividades prioritárias, chegou finalmente a hora de executá-las da forma mais centrada possível e evitando interrupções e distrações. Na técnica do ZTD, o autor não especifica exatamente como deve se manter a concentração, mas uma vez que nós somos conhecedores de diversas técnicas, podemos nos utilizar delas para complementar umas às outras. A dica então é misturar a ZTD com a Técnica do Pomodoro (também explicada mais adiante), por exemplo, a qual trata mais sobre controle de tempo aplicado do que sobre a parte que a ZTD atua, podendo o usuário combiná-las para aliar a tarefa certa com o tempo de execução certo.

5º) Controlando as atividades

A primeira tarefa prioritária foi concluída? Que tal passar para a próxima da lista? E depois? Todas elas já foram finalizadas? Será que eu já posso descansar e não preciso mais fazer nada?

O método ZTD prega que após a conclusão de uma ou de várias atividades prioritárias, novas tarefas devem preencher esse posto e se tornarem as novas prioridades a serem realizadas. De fato, o ZTD nos diz que nossa lista sempre irá se renovar, até porque sempre estaremos repetindo o passo 1 no dia a dia e tendemos a anotar cada vez mais coisas que precisam ser feitas. Sendo assim, é quase certo que mesmo que conseguimos fechar uma atividade, novas logo preencherão o posto e deverão passar pelos mesmos passos anteriores.

6º) Organização

Estipule um tempo máximo e mínimo para realizar suas atividades (sejam elas TMI ou Grandes Rochas). Ficar muito tempo dedicado à mesma tarefa pode causar desânimo, cansaço e até perda de foco (aproveite para combinar a ZTD com técnicas de controle de tempo, como é o caso da Pomodoro).

Organize-se também na questão do espaço aonde você irá realizar tais tarefas. Locais muito barulhentos e movimentados puxam a sua atenção, enquanto que locais fechados ou isolados podem trazer-lhe sonolência. O ideal é que você possa trabalhar nas suas tarefas em locais públicos como livrarias, cafeterias ou bibliotecas onde as demais pessoas também estão concentradas nas suas atividades. Aproveite também para fugir de distrações modernas como aparelhos eletrônicos e smartphones, os quais a qualquer momento podem apitar uma nova conversa ou e-mail e quebrar nosso ritmo.

7º) Revise (Conferindo se estou no caminho certo)

Outra importante dica do ZTD é a conferência das listas que criamos anteriormente para sabermos se as tarefas ainda fazem sentido. Imagine que determinado cliente seu pediu a realização de um serviço para uma data específica, mas ele próprio não cumpriu o combinado. Será que você precisa continuar empenhando tempo nessa tarefa que aparentemente não possui mais sentido?

A conferência regular (geralmente semanal) das nossas listas de tarefas nos ajuda a tirar da frente aquilo que perdeu sua urgência e deixa nossa lista sempre atualizada para aquilo que precisamos finalizar. Portanto, revise **TUDO**. Revise as tarefas para saber se elas ainda são validas, revise as datas para saber se elas ainda podem ser cumpridas e revise suas TMI e Grandes Rochas passa saber se elas ainda podem ser classificadas assim.

8º) Simplificando o complicado

Às vezes olhamos para a nossa lista de tarefas e percebemos que o pior aconteceu: temos muita coisa para fazer e pouco tempo para cumpri-las. Mas e agora? Como proceder? A ZTD prega que quando a situação se complicar e nós percebermos que não vamos dar conta de entregar tudo o que foi determinado devemos parar e simplificar a nossa lista de atividades. É quase certo que se nós acumulamos coisas demais, algo está ali, mas que não deveria estar. Simplifique suas atividades e volte ao principio da técnica onde devemos ter simplesmente as nossas TMIs e nossas Grandes Rochas. O resto deve ser impreterivelmente delegado ou eliminado.

É claro que no começo pode parecer difícil cortar tarefas que acreditamos ser importantes, mas com o passar do tempo, todos nós nos tornamos mais hábeis naquilo que realizamos, certo? Com a técnica ZTD então não seria diferente. Após aplicá-la por algum tempo no seu dia a dia, você perceberá que conseguirá classificar cada vez mais rápido e melhor quais são as atividades prioritárias e quais não são, chegando ao ponto que terá basicamente dois tipos de tarefas: as que devem ser feitas e as que não devem ser feitas.

9º) Aprimorando rotinas

Assim como a simplificação de tarefas, com o passar do tempo o usuário da ZTD também aprende melhor a criar rotinas eficientes nas quais as tarefas prioritárias são alocadas no começo do dia (TMI) e as menos urgentes após estas (Grandes Rochas). O hábito de criar rotinas saudáveis só torna todo o processo descrito nos passos anteriores mais fácil de gerir e com isso, as tarefas tendem a se cumprir cada vez mais rápido e com o menor esforço possível.

10º) Encontrando uma paixão

Um dos objetivos da Zen to Done é não só o cumprimento de tarefas, mas também o alinhamento de seus objetivos pessoais e profissionais com uma meta de vida. Imagine que seu sonho é ser dono de seu próprio negócio e empreender em algum projeto pessoal que alinhe realização financeira com seus maiores anseios. A ZTD é então uma técnica que, através da otimização de tempo na execução de atividades prioritárias, confere ao seu usuário o poder de atingir mais rápido seus objetivos quando elimina a perda de tempo e procrastinação e aproxima a meta estipulada ao sucesso da realização. Como dica final, a ZTD ainda nos diz que a cada tarefa realizada e conquistada devemos nos presentear com algum prêmio. Para as TMI pequenos presentes como meia hora de descanso ou dar uma volta na rua são suficientes, enquanto que para as Grandes Rochas prêmios maiores como uma compra ou passeios são a solução.

Mas essa técnica funciona?

A ZTD é uma aplicação melhorada da GTD, visto que até os seus nomes e siglas são parecidas. Posto isso, alguns dos problemas que temos na GTD não são vistos, porém a ZTD apesar de ser uma técnica bastante completa e ter um passo a passo com dez princípios a ser cumpridos, ela ainda precisa melhorar em alguns pontos. Muito do que eu adotei como filosofia de vida para me tornar alguém eficiente e que me ajudou a construir minha própria técnica veio da Zen to Done, mesmo que eu a tenha melhorado em vários pontos com os quais eu não concordo, dentre eles:

1. A ZTD nos instrui a escolher três grandes tarefas TMI (Tarefas Mais Importantes) para realizarmos diariamente, porém ela não instrui se estas tarefas devem ser complementares e seguir um fluxo para se autocompletarem ou podem ser aleatórias ou quiçá contraditórias. Com a criação do fluxo de metas que você aprendeu a desenvolver nos primeiros capítulos, conforme vai avançando em tarefas mínimas e complementares individuais, você também avança nos seus principais objetivos.

2. Na técnica ZTD é também dito que as TMI devem ser concluídas logo pela manhã, mas você se lembra que nem todo mundo é igual? Conforme foi explicado no capítulo sobre produtividade, não existem horários ideais que devem ser seguidos por todos nós, pois as pessoas podem se sentir mais produtivos em diferentes horas do dia. Ignorando esse fato, a ZTD "força" seus seguidores a tentar se enquadrar em um padrão que não existe, podendo comprometer a realização das tarefas mais importantes justo no momento errado.

3. Conforme já citado, o autor não deixa claro como o usuário dessa técnica deve se preparar para ter total concentração na realização de suas tarefas, necessitando que ele busque outras fontes de informações.

Como técnica geral, a ZTD é bastante plausível para quem quer se tornar alguém mais produtivo, porém salvo algumas ressalvas, ela precisa de pequenos complementos para se tornar uma técnica mais efetiva.

11.3. Pomodoro

A técnica Pomodoro de gestão de tempo e produtividade, mundialmente famosa e utilizada por grandes gurus do assunto e simpatizantes no mundo inteiro, é uma das técnicas mais simples que existem, de extrema facilidade de aplicação e que exige de você pouquíssima coisa, a não ser é claro, dedicação e resiliência.

Criada em 1980 pelo italiano Francesco Cirillo enquanto este ainda era um estudante procurando aprimorar suas habilidades de estudo e buscando um método de se concentrar em suas atividades, a técnica surgiu a partir de um daqueles famosos relógios de cozinha em formato de tomate (pomodoro em italiano significa tomate), utilizados para cronometrar quanto tempo cada alimento precisa para ser preparado, indicando ao cozinheiro que este está pronto.

A técnica consiste na divisão do tempo, ou tal qual se faz com um tomate, no fatiamento desde em partes iguais, os pomodori (plural em italiano de pomodoro), estipulando um período mínimo de minutos em que o usuário da técnica deve se concentrar inteiramente na atividade que este está desenvolvendo não permitindo qualquer interrupção ou intromissão de terceiros. E quando dizemos qualquer interrupção estamos tomando-a no sentido literal da palavra, não devendo a pessoa realizar demais tarefas que não aquela que ela decidiu realizar.

Então para fins práticos, enquanto você estiver dentro do "momento pomodoro" você não deve:

- Abrir, ler ou responder e-mails.

- Visualizar o celular (isso inclui dar aquela olhadinha na tela principal).

- Responder ou ler as redes sociais.

- Abrir páginas na internet para conferir coisas que não estejam diretamente ligadas à atividade principal (evite totalmente espiar rapidamente coisas como "Será que está trânsito no local que vou mais tarde?", "Quanto está o placar daquele jogo?" ou "A cotação do dólar subiu?").

- Atender ligações, deixando de preferência o celular no silencioso (é claro que existem emergências).

Eu mesmo durante a elaboração deste livro emergi na técnica pomodoro e me concentrava simplesmente em escrever o material, trecho ou capítulo do livro à que tinha me proposto no momento, evitando que o ambiente externo me impedisse de terminar a tarefa proposta.

Mas como é feita a divisão do tempo da técnica pomodoro?

De acordo com a ciência, enquanto estamos realizando uma atividade, com o passar do tempo tendemos a perder nossa concentração no que desenvolvemos e com isso, nosso rendimento acerca daquela tarefa tende a diminuir até que em determinado ponto estamos entregando pouco ou quase nada da tarefa. Isso é comumente perceptível em momentos em que estamos lendo um livro, por exemplo, principalmente se estivermos falando de um livro técnico no qual exige um elevado grau de atenção e concentração no assunto. Após alguns minutos começamos a ter de aproximar o rosto mais próximo das páginas, depois disso tendemos a forçar a vista em cada frase e palavra para lê-la com maior atenção, até chegarmos ao ponto de estarmos lendo várias e várias vezes o mesmo parágrafo, pois ele simplesmente não "entra" em nossa cabeça.

Mas qual o tempo máximo que eu devo (ou posso) aplicar em cada tarefa antes de começar a perder a capacidade de absorver 100% do que estou realizando? Segundo o estudo de Cirilo, o ideal é que tenhamos no máximo 25 minutos de foco em cada "fatia" de hora que aplicaremos dentro de um **ciclo pomodoro**. Ela funciona assim:

CICLO POMODORO

25 Minutos	5 Min.	25 Minutos	5 Min.	25 Minutos	5 Min.	25 Minutos	15 Min.
1º Ciclo		2º Ciclo		3º Ciclo		4º Ciclo	

Tempo total de foco: 100 minutos (1 hora e 40 minutos)

Tempo total de descanso: 30 minutos

A cada 25 minutos aplicados totalmente na resolução de determinada atividade, a técnica nos instrui a pausar instantaneamente o que estávamos desenvolvendo, não importando se não completamos a totalidade da tarefa. Essa pausa serve justamente para dar um "choque" em nosso cérebro e tirar ele do momento de concentração em que ele estava, como se estivéssemos dando um estalo e colocando-o em um momento de tranquilidade. Essa pausa serve então para que possamos descansar a mente por um breve momento e tirar a atenção em nosso problema, dando um tempo para tomarmos um café, olharmos rapidamente nosso smartphone, lermos alguma notícia e etc.. Porém, é importante frisar que este momento deve ser curto, afinal queremos dar apenas uma pausa no processo, não perder seu desenvolvimento por completo. Algo em torno de 3 a 5 minutos são o recomendado para que você relaxe rapidamente, porém sem que se distraia totalmente e perca aquilo que estava desenvolvendo.

Então o **ciclo pomodoro** funciona entre quatro aplicações de foco de 25 minutos cada e três intervalos de 5 minutos entre estes momentos sendo que ao final do quarto momento de foco, o usuário da técnica possua um momento agora sim superior para se desligar por um espaço de tempo maior da atividade, podendo variar a quarta pausa entre 10 a 30 minutos.

Ciência em foco: se pegarmos o dicionário, veremos que a palavra concentrar é classificada como "reunião de energias, atenção e esforços para atingir determinado objetivo. Então se eu estou concentrado, toda a minha atenção está direcionada à apenas uma tarefa. Mas por quanto tempo eu consigo me manter nesse estado?

Segundo uma pesquisa realizada em 2015 no Canadá pela Microsoft, a atenção média dos jovens dura cerca de míseros 8 segundos, sendo que esse valor é o menor registrado desde o século XXI, quando em média nós nos mantínhamos atentos por 12 segundos. Para se ter uma ideia de quanto esse valor é pequeno, nossa concentração foi comparada com a de um peixe de aquário, que consegue prender sua atenção em até 9 segundos.

Com o advento de smartphones e tablets, a facilidade de acesso a distrações em redes sociais e demais apps nos deixou mais vulneráveis a parar de fazer determinada tarefa para simplesmente "checar" se nosso celular não contém nada pendente de visualização. Além disso, 77% dos jovens entre 18 a 24 anos que participaram da pesquisa afirmaram que a primeira coisa que fazem quando estão sem atenção é voltar seu foco ao celular, enquanto que 73% deles afirmam ainda que a última coisa que fazem antes de dormir é checar novamente (e pela última vez) seu smartphone.

Aproveite também para criar pequenas premiações ao final de cada ciclo como um lanche, assistir um vídeo ou jogar uma partida de seu jogo preferido. A "gameficação" de suas atividades as torna mais interessantes e desafiadoras quando você dá a si mesmo um motivo e prêmio para alcançá-las.

Contabilize também o número de pomodori (períodos de 25 minutos) e também ciclos pomodori alcançados (quatro períodos completos) a fim de saber qual o seu progresso durante o tempo que você utilizar a regra, bem como entender quanto tempo você necessita para realizar cada uma delas, descobrindo que é possível fazer suas tarefas cada vez mais no menor tempo possível quando nos utilizamos de forma correta o tempo que temos disponível e conseguimos focar 100% de nossa atenção àquela tarefa.

Pomodoro na prática

A técnica pomodoro consiste basicamente em duas etapas: **planejamento** e **execução**. Na primeira delas o usuário anota todas as suas tarefas diárias, matinais ou até semanais deixando bem claro quais são os afazeres a serem sanados. Esta lista pode conter alguma ordem como "fazer pela manhã", "após almoço", "na quarta-feira" ou qualquer outra classificação que você queira atribuir às suas tarefas. Partindo então desta lista, inicia-se pelo primeiro item onde este deve ser "atacado" durante seus pomodori ininterruptamente. Lembre-se, cada pomodoro deve conter apenas uma tarefa, mesmo que você finalize essa tarefa antes de alcançar os 25 minutos, podendo aproveitar o tempo restante para conferir com cuidado se a tarefa foi devidamente realizada e se não possui quaisquer erros.

Caso ainda você esteja no meio do desenvolvimento da atividade e o tempo acabe, siga sempre a regra, pause momentaneamente o que estava fazendo e obrigatoriamente tire alguns minutos para recuperação. Quebrar a regra de pomodoro + descanso é o primeiro passo para não conseguir se organizar e entregar suas atividades, devendo ela ser seguida impreterivelmente. Ao final de cada pomodoro faça um X ao lado da atividade demonstrando que você demorou um pomodoro. Quando aquela tarefa for finalizada, você conseguirá visualizar quantos "X" você necessitou para completá-la.

Arrumar o quarto: **X X X**

Eu posso me utilizar da técnica dos 2 minutos durante uma pomodoro?

Na ZTD nós podemos (e devemos) dar prioridade àquelas tarefas que são fáceis de fazer e vão nos tomar poucos minutos para não acumularmos coisas que podem ser tiradas da frente com facilidade. Mas e na Pomodoro? Eu posso seguir a mesma prática? **NÃO!** A técnica dos dois minutos pode, entretanto, ser aplicada durante os intervalos de descanso da pomodoro (que duram em média 5 minutos), porém nunca durante os 25 minutos, afinal esse é o momento que você deve ter total concentração em apenas uma tarefa.

E se alguém ou alguma coisa me interromper?

Sinto muito, mas a regra é clara. Caso um pomodoro seja interrompido, mesmo que ele tenha sido quase completado (imagine que você parou nos 18 minutos), não importa. O pomodoro em questão "falhou" e você terá de iniciar uma nova contagem, lembrando que o importante da técnica é segui-la à risca. Afinal, se você começar a abrir brechas e quebrar regras, logo mais você estará fugindo dos princípios desta e das demais dicas deste livro e, portanto, não aproveitando de fato todo o conhecimento do material. Vale lembrar também que você pode, principalmente no começo, lhe dar alguns minutos de margem, porém não mais do que dois ou três minutos, antes de atingir os 25 minutos propostos, devendo diminuir esse tempo com o ganho de prática e tentando sempre cravar o tempo máximo em cada pomodoro.

No entanto, caso algo tenha chamado à sua atenção, porém você permaneceu dentro do proposto de continuar a atividade até o fim do pomodoro, você deve realizar uma anotação de tal modo que você tenha registro que houve a interrupção, mesmo que ela tenha sido contornada. Os dois principais tipos de interrupções são:

a. **Externas**: este tipo de interrupção parte de outras pessoas ou do próprio ambiente que nos tira a atenção do nosso objetivo. E-mails, ligações de terceiros, colegas de trabalho e chefes solicitando informações podem exigir a nossa atenção, porém estes podem ser postergados para que possamos continuar na atividade.

Em cada distração externa, anote ao lado da atividade algum sinal que deixe sinalizado a existência da distração naquele pomodoro. Segundo a técnica pomodoro, a marcação deste pode ser realizada com um hífen.

Terminar o exercício de inglês: **X- X X**

b. **Internas**: este tipo de interrupção parte de nós mesmos e está relacionado a pequenas distrações ou pensamentos aleatórios que tiram nosso poder de concentração, tais como começar a cantarolar uma música, imaginar o que vai almoçar mais tarde, começar a enrolar e mexer nos cabelos, ficar batucando os dedos na mesa em algum ritmo. Todas essas distrações ocorrem pela falta de concentração do usuário e tendem a diminuir todo o rendimento da atividade, tendo ele às vezes que desistir do pomodoro atual, refletir sobre a distração e iniciar um pomodoro novo.

Em cada distração interna, anote ao lado da atividade algum sinal que deixe sinalizado a existência da distração naquele pomodoro. Segundo a técnica pomodoro, a marcação deste pode ser realizada com uma apóstrofe.

Traduzir o relatório: **X X" X'**

Esses tipos de registros te ajudam a entender quais os percalços sofridos por você que tentam minar a sua concentração e ajudar a decifrar se você está mais aberto a interferências externas (devendo de preferência procurar um novo local que elimine essas distrações) ou internas (tentando buscar eliminar tais distrações com técnicas de limpeza da mente e concentração). Sempre que houver alguma distração, anote em um bloco, caderno ou planilha o que foi solicitado a você (interferência externa) ou que você lembrou que deve comprar no mercado à noite (interferência interna). Aproveite as pausas entre os pomodori e formalize estas pendências anexando-as na lista inicial de afazeres ou então sane a atividade imediatamente durante os intervalos (caso ela não vá lhe tomar muito tempo).

Mas essa técnica funciona?

O método de gestão de tempo Pomodoro é uma das ferramentas mais poderosas que eu conheço. Repare, porém, que eu a chamo de ferramenta e não exatamente de técnica. O seu uso ajuda em muito quando estamos tentando nos concentrar no desenvolvimento de tarefas e nos faz de fato focar naquilo que precisa ser resolvido, portanto, ela serve como um complemento a ser utilizado com as demais técnicas que você aprender neste livro.

Mas por que a pomodoro individualmente não funciona? Ela possui questões muito rigorosas e travadas acerca da distribuição do tempo entre os ciclos, "obrigando-nos" a nos manter dentro de uma mesma tarefa, mesmo que haja interrupções que de fato demande a nossa atenção e que em outras técnicas abordadas possuem flexibilizações acerca delas. Além disso, a técnica pomodoro não deixa claro o que é uma tarefa prioritária, como ela deve ser resolvida nem em que horário do dia é a melhor hora para realizá-la.

11.4. Matriz de Eisenhower

A matriz de Eisenhower foi desenvolvida por Dwight Eisenhower, ex-presidente dos EUA (mandato entre 1953 e 1961) e um dos mais renomados generais do exército norte-americano durante a Segunda Guerra Mundial, reconhecido por seu enorme talento no campo estratégico.

Sua técnica consiste no fato de que Eisenhower acreditava que as pessoas davam importância demais às tarefas que elas consideravam urgentes ou que deviam ser feitas às pressas, tentando realizá-

-las da forma mais rápida possível simplesmente por acreditar que assim devia ser. No entanto, ele percebeu que muitas vezes as tarefas que eram postas na frente das demais nem sempre podiam ser consideradas prioridades, afinal, segundo as palavras do próprio criador da matriz "Tudo o que é importante, dificilmente é urgente. E tudo o que é urgente, quase nunca é importante". Para ele, raramente uma atividade poderia ser ambas urgente e importante simultaneamente, devendo estas ser classificadas adequadamente. Desta forma, a matriz de Eisenhower consiste na separação de suas tarefas entre tudo que é urgente versus aquilo que é importante para que possamos destinar nosso foco e atenção primeiro nas coisas mais importantes e posteriormente nas mais urgentes.

Mas afinal, como classificar nossas tarefas entre "urgente" e "importante"?

Classificar de forma espontânea determinada atividade é bastante difícil, ainda mais quando os termos urgente e importante podem apresentar uma infinidade de variações e pesos quando cada um de nós pode interpretar a palavra de determinado modo. Sendo assim, a fim de eliminarmos essa dúvida, vamos recorrer a um dicionário que nos dará um norte no momento que estivermos classificando nossas pendências.

1. **Urgência:** situação crítica ou bastante grave, que remete à emergência, onde há a necessidade de agir prontamente.

2. **Importância:** algo que tem valor, que deve ser considerado precioso, de grande apreço ou credibilidade.

Bom, lendo estas duas definições temos claro que algo **importante** deve sempre vir à frente de algo **urgente**, uma vez que quando determinada tarefa tem importância significa que ela é valiosa, enquanto que as tarefas que são simplesmente urgentes nem sempre possuem valor agregado em sua resolução, podendo muitas vezes ser classificadas como urgentes justamente por já estarem fora do prazo de entrega ou em atraso. Dessa forma, a Matriz de Eisenhower nos faz criar um quadrante onde confrontaremos diferentes atividades, classificando-as da seguinte forma:

	URGENTE	NÃO URGENTE
IMPORTANTE	Tarefa 1	
	Tarefa 2	
	Tarefa 3	
NÃO IMPORTANTE	Tarefa 4	
	Tarefa 5	
	Tarefa 6	

Classificando tarefas pela sua urgência

Tarefas urgentes geralmente possuem uma coisa em comum: elas têm um **prazo definido**. Quando estamos falando de urgência, necessariamente estamos falando também do quesito tempo. Afinal, quando determinada atividade possui uma data futura de entrega ou conclusão, podemos entender que caso não consigamos finalizar nosso projeto até a data acordada, estaremos faltando com o compromisso e/ou perderemos seu prazo não podendo realizá-lo novamente. Imagine que em sua empresa exista determinado relatório de vendas que será enviado para daqui vinte dias ao seu novo cliente, porém você dá pouca atenção a esse relatório e o dia chega e vai sem que ele esteja pronto na data acordada. Como você não cumpriu a data é provável que o cliente tenha cansado de esperar e foi buscar outra empresa, a qual cumpra os horários pré-estabelecidos. Caso você tivesse respeitado a urgência do relatório (data de entrega), é provável não só que você tivesse deixado o cliente satisfeito como poderia já concretizar uma nova venda.

Tenha em mente então que, a classificação de tarefas no quesito urgência remete exclusivamente ao **tempo** e que estas são alocadas por ordem do "Mais urgente" para aqueles com menor tempo para execução e "Menos urgente" para as que possuem um prazo de entrega, porém este ainda está relativamente distante em comparação aos demais.

Classificando tarefas pela sua importância

Tarefas consideradas importantes, tal como o dicionário nos auxiliou, remete às coisas que agreguem valor ao nosso dia a dia (algo como o prestígio da nossa Matriz da Produtividade). Tomando ainda como base o nosso relatório de vendas citado acima, imagine que ao contrário do exemplo anterior, nós não tenhamos um prazo para entregá-lo, podendo ele ser concluído a qualquer momento dentro do mês. Imagine agora que esse é justamente o relatório que dá a informação para minha empresa de quais clientes compraram mais, em que época, que tipo de produtor adquiriram e como eles preferiram comprar tais produtos.

Por ser um relatório completo e que me fornece uma série de informações preciosas, eu não devo analisá-lo por seu prazo de entrega, mas sim pelo benefício que possuir tais informações trazem à empresa. Pense comigo, em posse desses dados eu consigo analisar quais clientes possuem um melhor relacionamento junto da minha empresa e entender o motivo pelo qual eles adquirirem nossos produtos, podendo aumentar o total de vendas junto dele, bem como aprender a replicar meu modelo de vendas desse cliente para os demais, o que me permitiria aumentar minhas vendas como um todo. Dessa forma, por entender que este é um relatório prioritário (agrega muito valor), na minha Matriz de Eisenhower eu o colocaria na frente dos demais relatórios ou atividades a desenvolver, independentemente de sua data de entrega.

Cruzando dados e montando sua Matriz de Eisenhower

Agora que você já conhece quais os dois pontos que guiam a matriz (Urgência x Importância), já pode separar suas atividades dentre ambos os quadrantes e "atacar" aquelas que são de fato sua prioridade, mas que anteriormente à Matriz de Eisenhower você dificilmente conseguiria identificar e aplicar o esforço e tempo necessário nelas.

A montagem da planilha é muito simples e consiste a priori no usuário listando o máximo de tarefas que este possui de forma aleatória e sem que haja qualquer tipo de separação inicial. Após todas as tarefas estarem distribuídas em uma lista, é recomendado que elas sejam primeiramente classificadas entre "urgentes" e "não urgentes". Repare que é muito mais fácil classificarmos tarefas pelo seu prazo do que pela sua importância. Afinal, quase sempre junto de uma nova tarefa já somos informados de seu prazo (mesmo que este seja imposto por quem criou a tarefa para você e nem sempre condizer com seu prazo de verdade). Ao lado de cada tarefa, assinale uma letra U de "urgente" para tarefas que tem um prazo curto ou uma data de conclusão apertada e NU de "não urgente" para as tarefas sem prazo de entrega ou ainda com prazos maiores e de longo prazo (semanas, meses, semestre etc.). Após a classificação por tempo, vamos focar na classificação por valor da tarefa, sendo essa algo bem mais difícil, dado o valor intrínseco que cada atividade pode ter, onde diferentes pessoas podem dar diferentes classificações de valor para uma mesma atividade. Ao responder se a sua tarefa é importante ou não, avalie o quanto de resultado positivo (seja financeiro, de gestão, economia de tempo e recursos, diminuição de estresse) ela traz ao seu dia a dia e classifique-as com a letra I ao lado para "Importante" e NI para "não importante". Ao final da classificação, você deve distribuir as suas tarefas no quadrante conforme exemplo abaixo:

	URGENTE	NÃO URGENTE
IMPORTANTE	Tarefas urgentes e importantes	Tarefas não urgentes e importantes
NÃO IMPORTANTE	Tarefas não importantes, mas urgentes	Tarefas não importantes e não urgentes

Partindo Para a Ação na Sua Matriz De Eisenhower

Depois de toda a parte burocrática de levantamento de atividades, análise, separação e classificação de tarefas, chegou a parte "mão na massa" da Matriz de Eisenhower onde começamos a executar as tarefas de acordo com a regra da matriz. São elas:

1. **Tarefas urgentes e importantes**: essas são segundo a sua classificação as tarefas mais importantes para você, afinal,

reúnem valor e ainda possuem um prazo para serem entregues. Desta forma, dedique todo o seu foco e atenção nessas atividades, uma vez que elas lhe trarão as maiores recompensas por estarem concluídas.

2. **Tarefas não importantes, mas urgentes**: apesar de não agregarem valor de fato à sua rotina, as tarefas deste quadrante exigem algum grau de dedicação, posto que possuem um prazo curto para serem concluídas.

Então aí vai uma dica! Se possível, delegue essa atividade para outra pessoa que esteja com a sua própria agenda mais livre. Ela pode te ajudar a tirar tarefas de pouco valor da frente, mas que precisam ser concluídas e deixar que você foque somente naquelas do primeiro quadrante.

3. **Tarefas não urgentes e importantes**: as tarefas podem até ser importantes e agregar um grande valor quando finalizadas, mas nem sempre precisam ser feitas às pressas. Esse é justamente o caso das atividades que se enquadrarem nesta parte da Matriz de Eisenhower. Apesar de não necessariamente precisarem ser entregues em um curto prazo, agende e reserve um tempo para concluí-las assim que possível, afinal você não quer que o prazo destas atividades sejam perdidos.

4. **Tarefas não importantes e não urgentes**: vamos ser sinceros? Se uma tarefa não é nem importante (não traz nenhum valor) e sequer é urgente (ninguém exigiu um prazo para que ela seja feita), por que você continua tendo esta tarefa na sua lista de atividades?

Atividades que se encaixam neste quadrante devem ser na grande maioria das vezes eliminadas e deixadas de lado, quando elas estão ocupando espaço na sua lista de afazeres, mas não vão lhe trazer qualquer benefício, além de consumir tempo que poderia estar sendo aproveitado em algo melhor (como as tarefas que ficaram para depois do 3º quadrante).

	URGENTE	NÃO URGENTE
IMPORTANTE	1)º Faça	3º) Planeje
NÃO IMPORTANTE	2º) Delegue	4º) Elimine

Revisando sua Matriz de Eisenhower

Como tudo na vida, as nossas tarefas também vão mudando de importância e prioridade ao longo dos dias, semanas e meses. Imagine uma tarefa que outrora era de máxima urgência e importância, mas que por determinado fator que foge de seu controle ela não precisa mais ser concluída. A melhor forma então de não perder tempo em atividades que não são mais úteis e que já não fazem mais sentido é a revisão periódica da sua Matriz de Eisenhower. A revisão de suas tarefas e da classificação dada a elas vão lhe ajudar a manter sempre em prioridade as pendências que de fato devem ser resolvidas, além de ajudá-lo a descobrir novas tarefas que precisam ser feitas e antigas que já não precisam mais.

Mas essa técnica funciona?

A Matriz de Eisenhower foi um dos fundamentos utilizados por mim para dar vida à matriz das prioridades, junto da análise BCG. Além de classificar o que era importante e urgente, eu adicionava itens como prestígio, que é algo importante dentro de uma empresa, quando você quer que seu chefe e colegas de trabalho reconheçam o seu esforço. Portanto sim, esta técnica é de grande valia e de fácil aplicação no dia a dia, devendo ela sempre ser revista, uma vez que, por tratar de prazos, nossa matriz pode sempre estar mudando. A revisão da matriz varia muito de pessoa para pessoa e pode ser feita em questão de dias, semanas ou até prazos maiores. Eu usualmente realizo a minha revisão todas as sextas-feiras ao final da tarde, período esse em que geralmente eu faço uma análise de tudo aquilo que eu produzi na semana versus tudo aquilo que estava planejado para ser realizado. Com isso eu consigo ver se cumpri as tarefas do meu primeiro quadrante e ainda descubro se as tarefas do terceiro quadrante devem ser realocadas, entre outros ajustes.

11.5. Essencialismo

Já foi dito aqui no livro que se você dá um passo para frente, outro para trás, um para a esquerda e outro para a direita, no final do exercício você está exatamente no mesmo local de onde partiu. E será que às vezes não nos sentimos assim quando estamos tentando desenvolver diversas atividades simultaneamente, porém que não se conversam entre si?

Esse é o problema que muitos de nós temos por tentar "fazer tudo ao mesmo tempo". Isso ocorre quando somos cobrados no ambiente de trabalho, pelos nossos amigos e colegas, em casa por maridos e esposas e também por último, mas não menos importante, da cobrança que nós impomos sobre nós mesmos. A ideia do essencialismo vem então nos ajudar a entender que nem tudo que achamos que deve ser feito é essencial para que de fato consigamos evoluir naquilo que realmente importa. "Faça o essencial" é o dogma do essencialismo, o qual prega que nossas ações e tempo empregado devem todos seguir uma mesma linha de raciocínio, mesmo que a priori eles possam parecer difusos, mas que no final do objetivo teremos cumprido pequenos objetivos que formam uma única e grande mudança.

O essencialismo prega então que:

> "Devemos manter um fluxo continuo entre as metas (colocá-las em uma ordem que faça sentido). Todas as metas devem seguir um único objetivo!"

É exatamente isso que foi ensinado a você no fluxo de tarefas que devemos criar, tentando sempre harmonizar nossas metas pessoais, acadêmicas, profissionais, gerais e financeiras. Quando criamos um fluxo consciente daquilo que deve ser feito, mesmo que não estejamos desenvolvendo alguma parte específica do planejado, acabamos avançando no todo, já que os objetivos e metas acabam-se interligados e levam todos ao mesmo lugar.

Criada pelo autor inglês Greg McKeown, o essencialismo foi desenvolvido quando ele percebeu que muitas das ações e trabalhos que eram desenvolvidos não o levavam a lugar algum, tendo dito que para ele era muito difícil dizer não quando alguém o solicitava para alguma tarefa, fazendo com que fossem acumuladas mais obrigações do que tempo disponível para concluí-las. Obstinado a reverter tal situação, o autor separou nove meses de sua vida a fim de descobrir como se tornar uma pessoa mais produtiva, trabalhando diariamente mais de oito horas seguidas. Só assim foi possível, segundo Greg, alcançar o estado que atingiu hoje, o qual ele chama de essencialista, ou seja, uma pessoa que consegue organizar a sua vida e suas tarefas de tal modo que ele sempre avance rumo aos seus objetivos, além de ter aprendido a negar ajuda e responsabilidades que ele sabe que não vão agregar nada e ele.

Mas essa técnica funciona?

Sim! O essencialismo, como você deve ter percebido, foi uma forte base para a construção de grande parte de nossa teoria do fluxo de metas, no qual nossas tarefas devem todas conversar entre si para que tenhamos no final um grande objetivo de longo prazo a ser alcançado. Focar em poucas atividades, ou seja, no essencial que nos faça crescer em diferentes áreas (financeira, profissional etc.) é a solução para aproveitarmos melhor o nosso tempo disponível em um mundo onde somos cada vez mais bombardeados com solicitações e responsabilidades.

11.6. Eat The Frog (Engolindo Sapos)

Apesar da expressão em português "engolir sapos" remeter ao fato da pessoa ter de escutar desfeitas ou ter de aceitar determinada situação desconfortável, a técnica "Eat the Frog" não tem nada a ver com este significado. Vamos explicar.

O comediante e escritor Samuel Langhorne Clemens, mundialmente famoso pelo seu pseudônimo, Mark Twain, (nome artístico que adotou), foi um famoso jornalista considerado por muitos como o pai da literatura moderna americana. Com um acervo de livros mundialmente famosos como "O príncipe e o Mendigo" e "As aventuras de Tom Sawyer", Twain era um promissor escritor, porém um péssimo administrador de seu dinheiro e, principalmente, seu tempo. Depois de passar um tempo em dificuldades financeiras, tendo ele até declarado falência devido à sua falta de controle de seu capital, Twain decidiu "criar" a teoria do sapo para ajudá-lo a resolver os seus problemas mais difíceis de uma vez. Segundo o próprio criador da teoria, todos nós temos problemas para resolver e eles tendem a nos importunar sempre que tentamos manter o status quo, nos importunando (tal como um sapo) e nos lembrando que aquela pendência ainda existe. Dessa forma, Twain dizia que:

> "Se o seu trabalho é comer um sapo, é melhor fazê-lo como a primeira coisa da manhã. E se o seu trabalho é comer dois sapos, é melhor comer primeiramente o maior deles".

Mas afinal, o que o autor quis dizer com isso? simples:

Todos nós temos as nossas próprias pendências para resolver e ignorá-las geralmente resulta sempre na mesma coisa... mais problemas. Então não faz sentido, segundo Twain, ignorar ou fingir que aquele problema não existe. O correto a se fazer é atacar o problema com todas as suas forças e determinação e, caso seja possível, colocando esse "sapo" na frente dos demais problemas afinal, como ele deverá ser resolvido de qualquer forma, por que não terminar com ele logo?

E não é só isso que a sua técnica diz. Ao longo de um dia, horas ou semanas, mais e mais sapos vão aparecendo e com isso acumulamos uma lista cada vez maior de afazeres, certo? A solução proposta pelo autor seria então atacar o maior problema, ou seja, engolir o sapo maior, que é o que causará maior sofrimento ao dono daquela tarefa. Afinal, já que vamos realizar uma série de tarefas trabalhosas, nada como começar por aquela que me tomará maior tempo e exigirá mais esforço de mim, exemplificada em outra frase célebre do autor que diz:

> "Se comer um sapo vivo é a primeira coisa que você fará pela manhã, pelo menos terá a satisfação de saber que essa é a pior coisa que você fará ao longo do dia".

Além disso, como dito anteriormente, nós temos uma capacidade limitada para atenção e foco, e a maioria de nós, ao longo do dia, tende a perder produtividade e apresentar um desempenho inferior frente às demais atividades do começo do dia. Dessa forma, segundo Twain, a melhor maneira de resolver os piores problemas é colocando-os na frente dos demais, priorizando as tarefas mais difíceis que você tem a cumprir.

Mas essa técnica funciona?

A "eat the frog" é mais uma filosofia propriamente dita do que uma técnica. O intuito de citá-la é que, por muitos anos, antes de começar a estudar sobre produtividade, eu acabava "engolindo sapos" ao ser cobrado por tarefas e prazos que eu não conseguia completar. Um dia, no meio de meus estudos para a elaboração deste livro, me deparei com essa divertida teoria sobre comer os sapos logo, dando prioridade às minhas maiores e mais importantes tarefas. As duas próximas "técnicas" também vêm com esse intuito filosófico, nas quais a mensagem passada por seus autores é mais simbólica do que prática.

11.7. Lei de Pareto

Você já percebeu que existem pouquíssimas pessoas que são verdadeiras máquinas de produtividade dentro da sua empresa e existe um monte de pessoas que procrastinam o dia inteiro e esperam o tempo passar até dar a hora do almoço, do café ou o fim do expediente? Ou então tente imaginar quantos empresários realmente alcançaram o sucesso no mundo dos negócios e quantos deles fracassaram tentando se tornar um grande gestor. Pode parecer coincidência, mas a verdade é que sempre parece haver um pequeno número de pessoas que fazem muita coisa e um grande número de pessoas que não fazem quase nada, certo? Se você reparou nesse padrão não se assuste, ele existe mesmo e já foi teorizado pelo matemático Vilfredo Pareto, um francês que viveu entre os séculos XIX e XX e foi responsável pela mundialmente conhecida **Teoria de Pareto**.

Pareto percebeu que existia uma série de dados que respeitavam determinada proporção e que essa proporção poderia ser utilizada para medir e calcular a quantidade de esforço e tempo que deveria ser aplicado em cada tarefa que nós possuímos. A proporção encontrada por Pareto é a 80% e 20%, que somadas totalizam 100% de tudo que temos e fazemos. Apesar de não ser tão exata assim (nem sempre é 80% disso e 20% daquilo), repare que sempre utilizamos, compramos ou fazemos na maior parte do tempo uma mesma tarefa repetidas vezes e quase nunca fugimos de nossa rotina. Pense comigo... dentro de nosso armário, mesmo a maioria de nós tendo uma grande quantidade de roupas sempre utilizamos as mesmas peças. Então dessa forma, em 80% das vezes acabamos escolhendo 20% das roupas que temos. E não é só isso. Apesar de haver uma infinidade de opções de bares, restaurantes e lugares para irmos em nossas respectivas cidades, tendemos a repetir sempre os mesmos locais com nossos amigos, ou seja, vamos sempre nos mesmos 20% de locais dentre 80% das vezes que saímos para nos divertir. Foi através da observação de que sempre os 80-20 se apresentam em nossas vidas que Pareto desenvolveu uma proporção em que devemos aplicar 80% do

TÉCNICAS DE PRODUTIVIDADE

nosso tempo e foco em 20% das atividades que temos de desenvolver. Funciona assim:

Imagine um aluno que está no final de um semestre de seu curso de graduação, mas possui tantas tarefas, trabalhos e atividades para concluir e entregar para seus professores que ele perdeu o controle total do que deve ou não ser feito. É tanta coisa que decerto o aluno não conseguirá entregar tudo e, portanto, deve se decidir o que vale a pena ser feito. Nesse caso, como há escassez de tempo versus a necessidade de passar de ano, o esforço obviamente deve ser direcionado para as atividades que valem mais nota. Por que o aluno deveria perder seu escasso tempo fazendo aquele trabalho que vale apenas um ponto na média final ou somente 10% do total de média que precisa ser alcançada? Simplesmente não faz sentido! Ele deve então separar poucas atividades (20%) dentre as demais, tendo que escolher aquelas que representam as maiores notas (80%) e o ajudarão a passar de ano. Usando ainda nosso exemplo do aluno, imagine que este ainda tem que estudar para suas provas finais. Nessa situação é muito provável que também tenhamos uma proporção de Pareto para analisar. Se você se recorda dos tempos de colégio, vai se lembrar que havia uma quantidade enorme de matérias que estudávamos no colégio e tínhamos a constante sensação de que a maioria do que era visto ali seria "inútil" para nós. Isso não é novidade afinal! Apesar dos professores recomendarem que se estudasse tudo, era quase certo que apenas uma pequena quantidade do conteúdo desenvolvido (somente 20%) fosse cair na maior parte das questões das provas (os 80%). Sim, a proporção era constantemente observada por que ela é algo quase inato ao nosso dia a dia.

Mas como definir o que deve ser feito? Quais as tarefas mais importantes que devem ser completadas com a maioria do meu tempo, esforço e foco? Vamos entender como é feita essa classificação.

Priorizando atividades sob a ótica de pareto

Como toda boa técnica de produtividade, a Lei de Pareto funciona da mesma maneira como as demais, na qual o seu usuário antes de sair pensando em como fazer tudo de forma eficaz e eficiente, deve compreender e ter em mente quais são os seus desafios, certo? Então vamos recorrer à nossa boa e velha lista de afazeres que pode incluir desde tarefas domésticas (cozinhar, lavar roupa, limpar a casa), como afazeres profissionais (entregar relatório, terminar análise) ou quaisquer atividades que você possua pendente (cortar o cabelo, comprar determinados itens de vestuário etc.), podendo essa planilha ser preenchida de forma mais rudimentar em um pedaço de papel de rascunho ou mais formal dentro de uma planilha de Excel. Lembre-se: devemos listar toda e qualquer tarefa que tenhamos de desempenhar para podermos ler de forma concreta onde devemos atacar. Feito isso, vamos quebrar as nossas atividades em blocos de interesse tais como "trabalho", "faculdade", "pessoal", "casa" etc. Dessa forma, iremos escolher quais as atividades dentro de cada bloco que nos fará alcançar nossos objetivos.

Com quais objetivos?

Assim como disse Maslow, todos nós temos necessidades que precisam ser saciadas, sejam elas necessidades físicas como a fome ou o sono, amorosas como um bom relacionamento familiar ou até necessidades de estima, como ser bem aceito em nossos grupos de amigos ou entre os colegas de trabalho. Dessa forma, entendemos que dentro de cada âmbito de nossa vida temos um objetivo que queremos alcançar, seja uma promoção e um aumento de salário no nosso âmbito profissional ou encontrar a pessoa amada em nossa vida pessoal. Sendo assim, é importante que saibamos separar nossas atividades em blocos, pois quebrando-as em grupos menores podemos enxergar qual objetivo que queremos alcançar dentro de cada um desses blocos. Como foi visto no capítulo que trata sobre o **Essencialismo**, devemos focar em poucas atividades as quais serão estas que nos farão atingir esse objetivo principal da maneira mais rápida possível. E é justamente isso que a Lei de Pareto nos diz: realizarmos a proporção que devemos aplicar 80% de nosso tempo em 20% das nossas tarefas.

De acordo com a ótica de Pareto, quanto mais tarefas distintas tivermos, menos conseguiremos aplicar em questão de tempo e esforço em cada uma delas individualmente e avançaremos somente um pouco (ou quase nada) para "cada lado" não saindo de fato do lugar que estávamos inicialmente. Já se dermos prioridade a poucas tarefas e aplicarmos nossa atenção de fato nestas e no modo de resolvê-las, teremos assim meios de alcançar nossos objetivos com maior rapidez.

Mas essa técnica funciona?

Assim como a "eat the frog", a técnica de Pareto é algo mais relacionado a uma teoria ou filosofia de vida, do que a uma técnica de produtividade propriamente dita. Por não possuir com clareza informações que nos levam a entender o que é ou não prioridade, nem como resolvê-las não abordando em que parte do dia estas devem ser feitas ou qual o número de horas devemos empregar a elas, a ótica de Pareto funciona como uma dica inicial para entendermos como deve ser a resolução de nossas tarefas, ou seja, separando coisas prioritárias de outras não prioritárias.

11.8. Don't break the chain

Um dos maiores segredos de toda e qualquer pessoa que possui uma vida produtiva é algo bem simples e que todo mundo pode fazer: possuir uma rotina. Sim, uma rotina é a arma mais poderosa para se ter ao lado de qualquer aspirante a qualquer coisa. Alguém que deseje passar em um concurso concorrido ou em uma prova difícil deve possuir uma rotina de estudos. Alguém que deseje se tornar um grande jogador de futebol deve ter uma rotina de treinos. Já alguém que deseja se tornar fluente em algum idioma deve possuir uma rotina de prática. De certa forma, uma das dicas mais valiosas que podemos receber para atingir o sucesso em quase todos os nossos desafios é "continuar tentando". E é isso que a técnica "Don't Break the Chain" (Não Quebre a Corrente) diz.

A "Don't Break the Chain" pode ser atribuída ao mundialmente famoso comediante Jerry Seinfeld, mais conhecido pelo sitcom que levava seu nome SeinFeld que durou 9 anos consecutivos e foi uma das séries mais assistidas e aclamadas de todos os tempos. Quando perguntado por um colega de profissão o motivo de ele ter se tornado tão bom em criar textos de comédia sua resposta foi simples: como produtor de conteúdo, eu preciso criar novas piadas e praticar sempre. Sendo assim, escrevo todos os dias algum texto, independente de meu humor ou cansaço. Eu estou sempre escrevendo.

A sua técnica passada para frente foi a seguinte: pegue uma parede em sua casa e pregue um calendário daqueles em que é possível observar todos os meses e dias do ano. Depois disso, consiga uma caneta ou pincel grande, preferencialmente vermelha já que ela chama bastante a atenção, e utilize este pincel para pintar um grande X no calendário em todos os dias em que suas tarefas forem cumpridas. Após alguns dias de tarefas cumpridas você verá que há uma "corrente" que liga os dias em que você obteve sucesso. O que fazer depois disso? Simples: **NÃO QUEBRE A CORRENTE**. Dia após dia, sua corrente ficará maior e mais forte com o avanço da conclusão de suas tarefas. Olhar para todos aqueles "Xs" seguidos vai lhe motivar a continuar a corrente para poder vê-la crescer cada vez mais.

Mas essa técnica funciona?

Como dito, as técnicas 'Don't break the chain', 'Eat the frog' e a Lei de Pareto não são propriamente técnicas que possam ser utilizadas no dia a dia, posto que muitas delas são bastante generalistas e conceituais. A importância de tê-las comentado são a força emocional que elas nos dão, quando vemos que grande parte da responsabilidade do sucesso de nossos objetivos cabe exclusivamente a nós mesmos.

Na dica dada pelo comediante Jerry Seinfeld, ele nos dá a ideia de que persistência leva ao sucesso, quando permanecemos realizando nossas atividades mesmo nos dias em que não queremos, que estamos cansados ou que não vemos um futuro nelas. Somente a insistência em atingir nossos objetivos e o trabalho que impomos sobre tais atividades é que nos levarão de fato a concluir aquilo que queremos e alcançar o que desejamos.

· CAPÍTULO 12 ·

Produtividade: Uma Mensagem Final

Chegado ao fim deste livro, espero que você tenha aprendido muito sobre o que é produtividade, como obtê-la e qual a sua importância quando queremos ser pessoas que alcancem mais realizações, seja na nossa vida profissional, amorosa, acadêmica etc. Espero ainda que você tenha entendido que é comum estarmos desorientados quando, com o passar dos anos, vamos acumulando mais e mais responsabilidades conforme avançamos dentro de nossas carreiras, nos especializamos em cursos dentro da nossa área ou ainda construímos nossas famílias e temos responsabilidades com maridos ou esposas, nossa casa e, também, nossos filhos.

Esse é um processo natural para a grande maioria das pessoas e enfrentar dificuldades que por vezes podem nos colocar para baixo e nos fazer querer desistir de tudo é completamente normal. Ninguém precisa estar 100% em todos os momentos de sua vida, quando possuímos altos e baixos, podendo estes períodos durar horas, dias, meses ou períodos até maiores de tempo. A frase do autor Douglas Adams que deixo então aqui é a já citada no livro: Don't Panic (Não entre em pânico).

Este material servirá para você por longos e longos anos como uma ferramenta consultiva para todas as ocasiões quando você começar a se embaralhar nas próprias responsabilidades e precisar de uma fonte de conhecimento sobre como vencer tais desafios. Mas, por favor, não se limite a ele. Você deve ter reparado até aqui que poucas são as técnicas de concentração, foco ou produtividade que foram de fato inventadas por especialistas ou estudiosos na área. Pelo contrário. Muitas destas técnicas foram criadas por pessoas comuns como você e eu, técnicas estas que surgiram da necessidade individual de seus idealizadores em manter uma vida mais regrada, cumprir suas tarefas ou simplesmente sair da zona de caos que devia ser seu dia a dia. De fato, assim como eu compartilharei com você leitor minha própria técnica de produtividade mais a frente, você não necessariamente precisa da minha técnica ou das demais listadas acima. É possível que você mesmo desenvolva sua própria solução para seus problemas de falta de produtividade e/ou foco, sendo essa a solução que mais se adeque à sua realidade.

Leia, pesquise, analise, comprima, misture e consulte as famosas técnicas dos maiores e melhores gestores de produtividade que existem. Se determinada técnica não combina 100% com você, tudo bem. Use 50%... 20%... 70% dela. O importante é que você consiga fugir de uma vida de tarefas não concluídas, projetos abandonados, tempo perdido e procrastinação seguida de arrependimentos e entre em uma nova fase de conquista, realizações, sucessos e objetivos concluídos.

Nunca desista de seus projetos, sonhos e principalmente de você.

Um grande abraço!

ÍNDICE

A

alimentação 83

ápice produtivo 73

A Pirâmide de Maslow 4–10

aprendizado 127–130, 137, 148

   consciente competente 130

   consciente incompetente 129

   inconsciente e competente 131

   inconsciente incompetente 127

armazenamento de memórias 136

associações de causa-efeito 141

atividades 91, 112, 124, 164

autocontentamento 6

autorrealização 6

autossatisfação 144

B

baixa produtividade 89

banana 87

básico 63, 71, 130, 133

bingo da produtividade 106–118

biologia humana 73

bons hábitos 131

C

carga de responsabilidades 126

cérebro 88, 125, 134, 138, 171

Ceteris Paribus 147

ciclo de vida de um produto 93

ciência em foco 73, 88, 123, 135, 172

classes de metas 39

   acadêmicas 41

   financeiras 40

   gerais 39, 51

   pessoais 43

   profissionais 41

conclusão de metas 21, 151

constância da prática 130

crescimento profissional 29

cronograma 93, 149, 161

D

depressão 125
desempenho 138
disposição de tarefas 68, 112
Don't Break the Chain 194

E

Eat the Frog 187, 189, 193
efetividade 25, 65
eficácia 63
eficiência 64
energia 132, 134, 138
essencialismo 46, 161, 185, 193
estímulos rotineiros 137
estratégia 51
experiência inédita 136

F

falta
de disposição 123
de iniciativa 123
de objetividade 24
de organização 159
ferramenta de organização 147
fluxos
de metas 54, 167
de objetivos 51
de produtividade 82

G

ganho
de eficiência 159
de produtividade 30, 117, 162
gestão de tempo 21, 62, 117, 152, 162
Getting Things Done (GTD) 154, 156, 158, 167

H

habilidade 125-146
hábitos 133, 138
criação de hábitos 126
maus 131
negativos 134, 139
novos 30, 126
positivos 134, 135, 140, 151
regulares 131
ruins 139
harmonização de metas 36, 51
hobby 34, 57

I

improdutividade 73, 113
incentivos 143, 145
inconsciência 128, 130
interrupções
externas 175
internas 175

ÍNDICE

L

Lei de Pareto 189, 190, 192, 195
ligações neurológicas 135, 137
lista de tarefas 59, 165
lógica cerebral 138

M

mapa da produtividade 75-78, 112
Mark Twain 187
Maslow 4, 9, 37, 44, 192
matriz
  BCG 93, 97, 184
  da produtividade 153, 180
  das prioridades 100, 102, 104
    facilidade de execução 99
    prestígio 99
    prioridade 98
    urgência 98
Matriz de Eisenhower 177, 178,
  181, 184
mecanização 133
memória 135, 136
mercado de trabalho 42
meritocracia 42
metas 2, 9, 27, 117, 142, 151, 153
  alcançável 28
  financeiras 57, 144
  financeiras e profissionais 42
  principais 45, 113, 143
  profissionais 143

metodologia de distribuição de tarefas 111
métodos 21
  de criação de metas 39
  de desenvolvimento 21
  de gestão de tempo 177
MRCAC 17, 23, 44-48, 148
  Alcançáveis 26
  Comparáveis 28
  Concretas 25
  Mensuráveis 23
  Respondíveis 24

N

necessidades
  básicas 5, 37
  de estima 6, 37
  de realização 6, 37
  de segurança 5, 37
  sociais 6, 37
neurônios 136
nível de produtividade 77
nível subconsciente 133
nova informação 136
novo conhecimento 134

O

objetivos 3, 21, 27, 38, 61, 153
  acadêmico 55
  classe financeira 56

generalistas 16, 54

menos complexos 52

pessoal 56

profissionais 55

obrigações 41, 79, 155, 186

oportunidade 42

organização 36, 164

otimização de tarefas 152

P

padrão 7, 135, 159

padrões cognitivos 141

perdas e prejuízos 142

personalidade 125

pirâmide

das necessidades 6, 37, 51

de Maslow 38

dos objetivos 38, 51

planejamento 30, 47–51, 62–66, 147

plano de ação 15, 26, 45, 61

poupar energia 138

prazo definido 179

preguiça 123

prioridade 92, 98, 105, 116

proatividade 100, 131

processo de recuperação 124

procrastinação 159, 167

produtividade 66, 71–77, 123, 157

insatisfação 69

organização 67

pessoal 154

Q

quadro de metas 43, 148

qualidade 70, 93

R

recompensas 141

financeiras 142, 145

positivas 141

regra de ouro 45, 46

resolução

das atividades 131

do problema 138

resposta automática 138

retenção de informações 135

roteiros 11, 15, 47, 122

rotina 119, 121, 125, 126, 132, 133, 139, 142, 153, 166, 194

S

satisfação pessoal 44

sistema de bonificação-punição 145

sistema de recompensas 140

solução 23, 62, 139, 198

subjetividade 25

T

tarefas

complementares 143, 145

essenciais 134, 144

ÍNDICE

Grandes Rochas 163, 167

Mais Importantes (TMI) 110,
163, 167

mínimas 143, 144, 146

Técnica de Harmonização de
Metas. 38

Técnica do Pomodoro 108, 163,
168, 177

ciclo pomodoro 170, 171

divisão do tempo 170

técnicas

de distribuição de tarefas 74

de ganho de produtividade 61

de otimização de tempo 61, 74

de produtividade 22

tempo 8, 15, 31–36, 105, 113, 134,
151, 169, 180

tipo de associação 138

V

velhos hábitos 29

vida acadêmica 15–18

Z

Zen To Done (ZTD) 158–168

Este livro foi impresso nas oficinas gráficas da Editora Vozes Ltda.,
Rua Frei Luís, 100 – Petrópolis, RJ.